Paul Watzlawick
Vom Unsinn des Sinns oder
Vom Sinn des Unsinns

SERIE PIPER

Zu diesem Buch

Paul Watzlawick, Psychotherapeut und Vertreter des Konstruktivismus, geht in seinem bildreichen Text der Frage nach den Wirklichkeiten und den Sinneszu-weisungen unserer Wahrnehmung nach. Den vorder-gründig offenbar vorhandenen Konsens über das, was »die Wirklichkeit« ist, stellt Watzlawick in Frage und charakterisiert ihn als »weniger tragfähig als das dünnste Eis«.

Paul Watzlawick, am 25. Juli 1921 in Villach/Kärnten geboren, studierte Philosophie und Sprachen. Aus-bildung in Psychotherapie am C. G. Jung-Institut in Zürich. 1957 bis 1960 Professor für Psychotherapie in El Salvador; seit 1960 Forschungsbeauftragter am Mental Research Institute in Palo Alto/Kalifornien. Außerdem lehrte er an der Abteilung für Psychiatrie der Stanford University. Zahlreiche Veröffentlichun-gen, darunter der Millionenbestseller »Anleitung zum Unglücklichsein«.

Paul Watzlawick
Vom Unsinn des Sinns
oder
Vom Sinn des Unsinns

Mit einem Vowort von
Hubert Christian Ehalt

Piper München Zürich

Die erste Ausgabe dieses Buches erschien als Band 16 der
»Wiener Vorlesungen im Rathaus«, herausgegeben von der
Kulturabteilung der Stadt Wien.

Von Paul Watzlawick liegen in der Serie Piper außerdem vor:
Wie wirklich ist die Wirklichkeit? (174)
Die erfundene Wirklichkeit (Hrsg., 373)
Die Unsicherheit unserer Wirklichkeit (Mitautor, 742)
Einführung in den Konstruktivismus (Mitautor, 1165)
Interaktion (Mithrsg., 1222)
Vom Schlechten des Guten (1304)
Anleitung zum Unglücklichsein (2100)

Ungekürzte Taschenbuchausgabe
Piper Verlag GmbH, München
1. Auflage März 1995
6. Auflage Juni 1999
© 1992 Picus Verlag Ges.m.b.H., Wien
Umschlag: Büro Hamburg
Umschlagabbildung: Albert Rocarols
Foto Umschlagrückseite: Peter Peitsch
Gesamtherstellung: Clausen & Bosse, Leck
Printed in Germany   ISBN 3-492-21824-5

Inhalt

Vorwort von Hubert Christian Ehalt   7

Vom Unsinn des Sinns oder vom Sinn des Unsinns   13

Das Zusammenspiel von »innen« und »außen« (23) Die Fraglichkeit unseres dualistischen Weltbildes (27) Die Erweiterung unserer Sichtweise durch den Faktor »Beziehung« (31) Die Strategie der kleinen Schritte (36) Die Einheit von »innen« und »außen« (38) Die Überwindung der Diskrepanz zwischen Selbst und Welt (44) Die Fragwürdigkeit unserer Wahrnehmung (48) Die Unterscheidung zwischen Wahrnehmung und Sinnzuschreibung als Basis des Radikalen Konstruktivismus (52) Absage an die Annahme einer objektiven Wirklichkeit (55) Die Grenze zwischen Normalität und Wahnsinn (57) Sinn oder Un-Sinn unserer Wirklichkeitsvorstellung (62) »Sinn oder Nichtsein, das ist hier die Frage« (66) Die menschliche Imagination als gestaltende Lebenskraft (68) Der Radikale Konstruktivismus: seine Aussagen... (72) ...seine Anwendungsbereiche (74) ...seine Möglichkeiten (76) ...und seine Zielsetzung (80)

Quellen   83

Vorwort

Paul Watzlawick hat im Rahmen der Wiener Vorlesungen zwei Vorträge gehalten, die beide der Relativität dessen gewidmet waren, was wir Wirklichkeit nennen. Der Autor ist ein Vertreter des Konstruktivismus, der in den Natur- und ebenso in den Geisteswissenschaften ein neues wissenschaftliches Weltbild formuliert hat. Es gehört heute zum Allgemeinwissen breiterer Schichten, daß die Welt, wie wir Menschen sie mit unseren Sinnesorganen wahrnehmen, nicht objektiv so ist, wie wir sie sehen, hören, riechen, fühlen. Die Hunde etwa haben eine weit differenziertere Geruchswahrnehmung als die Menschen und nehmen somit im Kosmos der Gerüche Sektoren der Wirklichkeit wahr, die den menschlichen Riechorganen immer unbekannt bleiben werden. Die Facettenaugen der Insekten formen ein ebenso eigenständiges Raum- und Farbbild wie die Sehapparate der Chamäleons und der Menschen. »In Wirklichkeit«, so sagen uns die Naturwissenschaften, gibt es nicht diesen Tisch vor uns, sondern eine Anhäufung von Molekülen in einer bestimmten Organisation, Wellen mit unterschiedlicher Frequenz, usw. Über das Licht z. B. haben die Physiker lange Zeit gerätselt, ob es »Materie« oder »Welle« sei, und auch wenn man von der Unvollkommenheit unserer Sinnesorgane bei der Darstellung »des Wirklichen« einmal absieht, gewinnen unsere Vorstellungen von der Welt nicht viel mehr an Objektivität.

Noch komplizierter wird es, wenn wir uns die subjektive und individuelle Interpretation des sozialen Geschehens bewußt machen. Es ist eine Erfahrung, die jeder von uns im privaten und beruflichen Leben täglich macht, daß ein Geschehen, bei dem wir mit anderen gemeinsam handeln, von jedem/jeder Beteiligten anders gesehen und interpretiert wird. Ein Wortwechsel zwischen zwei oder mehreren Menschen enthält durch die Vieldeutigkeit der Begriffe und der nonverbalen Artikulationsformen so viele oft divergierende Sinngehalte, daß ihm im späteren Bericht von Beteiligten mit deren bestem

Wissen und Gewissen unterschiedliche Be-
deutungsinhalte zugeordnet werden können.
Dies war ein wesentlicher Impulsgeber des
Familien-, Bassena- und Bürotratsches, da —
weil wir Menschen uns nicht mit mathemati-
schen Formeln und Sätzen der von Wittgenstein geforderten Präzision miteinander
verständigen — jede subjektive Wahrnehmung, Reflexion und Äußerung einen sozialen Inhalt weiterentwickelt.

Diese Subjektivität der Wirklichkeitssicht
und -interpretation hat objektive – d. h. meß-
bare – soziale (Schicht- und Milieuzugehö-
rigkeit), geschlechts- und kulturspezifische
Ursachen. Paul Watzlawick war wohl jener
Forscher, der auf die Brüchigkeit der Wirklichkeit im allgemeinen und die Relativität
der Wirklichkeitsinterpretationen der Menschen im besonderen pointiert verwiesen
hat. In den letzten 20 Jahren haben fast alle
geisteswissenschaftlichen Disziplinen eine
konstruktivistische Phase durchgemacht. Die
Ethnologen erkannten, daß Struktur und Geschichte der Stammesgesellschaften, über die
sie aus einer europazentrischen und kolonia-

listischen Perspektive berichtet hatten, aus der Sicht der Betroffenen ganz anders aussehen. In der Geschichtswissenschaft hat die konstruktivistische Erkenntnis dazu geführt, die »Wahrnehmung« als eine zentrale Kategorie einzuführen und zu fragen, was die Menschen jeweils aus bestimmten Situationen gemacht haben, wie sie diese Situationen gesehen haben. Was Weite und Enge bedeutet, kann jeweils unterschiedlich – kultur- und milieuspezifisch – interpretiert werden, wie Paul Watzlawick dies am Beispiel der Bewertung unterschiedlicher Körperdistanzen in verschiedenen Kulturen beschreibt. Watzlawicks Beispiele machen deutlich – etwa die unterschiedliche Bewertung des Kusses als Beziehungsschritt beim Kennenlernen von amerikanischen Soldaten und englischen Frauen –, daß es kulturell bedingte unterschiedliche Normalitätsvorstellungen gibt. Hier liegt wohl ein wesentlicher Aspekt der aufklärerischen Bedeutung von Watzlawicks Thesen. Der Autor macht deutlich, daß es in den menschlichen Beziehungen und in deren Deutung keine einfachen Wahrheiten gibt, und daß nicht die Einheitlichkeit sondern die Unterschiedlichkeit der Handlungs- und Interpretationsformen der einzelnen Individuen in einer Kultur – vielmehr noch in unterschiedlichen Kulturen – das »Normale« ist.

Man kann die konstruktivistische Interpretation des sozialen Geschehens, wie sie Paul Watzlawick vornimmt, als Fundament eines Relativismus und Nihilismus sehen. Das Gegenteil ist wohl zutreffender. Die Erkenntnis, daß Wirklichkeiten immer Konstruktionen sind, gibt dem Individuum die Möglichkeit, frei zu sein, sich für eine Wirklichkeit zu entscheiden, sich diese selbst auszusuchen. Man lernt mit dieser Perspektive, konziliant zu sein, weil man sich bewußt gemacht hat, daß eine Wirklichkeit nicht besser ist als die andere; und man lernt, verantwortlich zu sein für das, was man tut, weil einem niemand die Verantwortung abnimmt.

Das vorliegende Buch ist die Publikation zweier thematisch aufeinander bezogener Vorträge, die Paul Watzlawick im Wiener

Rathaus gehalten hat* und die pointiert zu-sammenfassen, was der Autor in einer Reihe seiner Bücher entwickelt hat. Wir freuen uns mit den Freundinnen und Freunden der Wiener Vorlesungen, daß Watzlawicks Aus-führungen auf diesem Weg einer größeren Öffentlichkeit zugänglich gemacht werden können.

HUBERT CHRISTIAN EHALT

* Die Vorträge fanden am 17. Mai 1989 und am 5. November 1991 statt.

Vom Unsinn des Sinns oder vom Sinn des Unsinns

Zu Beginn möchte ich auf eine Frage eingehen, die heute immer häufiger gestellt wird,
nämlich die Forderung nach einer eindeuti-
gen Stellungnahme zwischen dem einen oder
anderen Extrem Seele oder Masse, »innen«
oder »außen«. Ist die individuelle, also die
monadische Seele jener Inbegriff, auf den es
allein ankommt, oder ist der einzelne lediglich eine Million Menschen dividiert durch
eine Million, wie es gewisse Ideologien und
bestimmte Aspekte der Sozialwissenschaften
hinstellen? Entspricht der zweiten Möglichkeit das, was wir vor Jahrzehnten in
Nürnberg beobachten konnten oder was
man in letzter Zeit in Sportstadien sieht? Aus
der Sicht meines Fachs, der Therapie, lassen
sich Beweise für die Richtigkeit sowohl der
einen wie auch der anderen Extremauffas-
sung finden. Aber es lassen sich auch Beispiele anführen, die über diese Dichotomie
hinausgehen, und das möchte ich zunächst
versuchen.

Die monadische Sicht des Individuums,
durch die die Umwelt zu einem Epiphäno-
men reduziert wird, hat uns eine Fülle von

Hypothesen, Theorien und damit verbundenen Fachausdrücken beschert. Mit diesen hat es eine eigene Bewandtnis, vor allem eine erkenntnistheoretische und semantische. Nehmen wir nur den scheinbar so klaren Begriff des Gedächtnisses. Ich zitiere aus Ross Ashbys grundlegendem Werk, seiner Einleitung zur Kybernetik:

Angenommen, ich bin im Hause eines Freundes und beim Vorbeifahren eines Wagens draußen rennt sein Hund in eine Zimmerecke und duckt sich angstvoll. Für mich ist dieses Verhalten grundlos und unerklärbar. Da sagt mein Freund: »Er wurde vor sechs Monaten von einem Auto überfahren.« Mit diesem Hinweis auf ein sechs Monate zurückliegendes Ereignis ist das Verhalten des Hundes erklärt. Wenn wir sagen, der Hund zeige ein »Gedächtnis«, so beziehen wir uns weitgehend auf dieselbe Tatsache – daß sich sein Verhalten nicht aus seinem augenblicklichen Zustand, sondern durch den vor sechs Monaten erklären läßt. Wenn man nicht vorsichtig ist, könnte man sagen, der Hund

»habe« ein Gedächtnis, und dann etwa denken, der Hund habe ein Ding, so wie er vielleicht einen schwarzen Fleck auf seinem Fell hat. Das könnte einen dazu verleiten, nach jenem Ding zu suchen; und unter Umständen entdeckt man dann, daß dieses »Ding« sehr merkwürdige Eigenschaften hat. Offensichtlich ist »Gedächtnis« nicht ein objektives Etwas, das ein System besitzt oder nicht besitzt; es ist ein Begriff, den der Beobachter anwendet, um die Lücke zu füllen, die die Nichtbeobachtbarkeit des Systems verursacht. Je weniger Variablen der Beobachtung zugänglich sind, desto mehr wird der Beobachter gezwungen sein, die Wirkungen vergangener Ereignisse im Verhalten des Systems zu berücksichtigen. Daher ist »Gedächtnis« im Gehirn nur teilweise objektiv. Kein Wunder, daß seine Eigenschaften sich oft als ungewöhnlich oder paradox erweisen. Es besteht wohl kein Zweifel, daß dieser ganze Fragenkomplex einer Überprüfung von Grund auf bedarf.[1]

Mit dieser letzten Feststellung bin ich sehr

einverstanden, denn wir sind heute an einem Punkt angelangt, wo wir nicht mehr weiter das tun können, was wir bisher getan haben. Gregory Bateson, der berühmte Anthropologe und unser großer Mentor am Mental Research Institute in Palo Alto, hat das in einem seiner Metaloge – von Bateson verfaßte fiktive Gespräche zwischen seiner kleinen Tochter und ihm – so schön ausgedrückt. In einem dieser Metaloge fragt die Tochter: »Vati, was ist ein Instinkt?«, worauf Bateson eben nicht antwortet: »Ein Instinkt ist ein komplexes Muster von angeborenen, genetisch übertragenen Verhaltensweisen«, sondern er sagt: »Ein Instinkt ist ein Erklärungsprinzip.« Mit anderen Worten, Instinkt ist ein Name, den wir einer Sache geben. Damit aber ist bereits die Gefahr einer Reifikation gegeben, und das ist vielleicht nirgends so offensichtlich wie auf meinem Gebiet, wo wir eine Fülle von Namen verwenden, die alle eine Pseudowirklichkeit erschaffen. Für uns ist es schwer anzunehmen, daß es Namen geben soll, die wie Engelchen auf Barockgemälden nur Kopf und Flügel, aber keinen

18

Körper haben und die in unserem intellektuellen Universum herumflattern. Dazu wäre der Gründer der allgemeinen Semantik, Alfred Korzybski zu erwähnen, der in seinem 1933 veröffentlichten Buch »Science and sanity« die berühmte Feststellung machte: »Der Name ist nicht das Ding. Die Landkarte ist nicht das Land.«

Nichtsdestoweniger sind wir alle uns dieser Sache kaum bewußt und verfallen auf denselben Fehler wie der Schizophrene, der die Speisekarte anstatt der darauf beschriebenen Speisen ißt, sich dann über den schlechten Geschmack beschwert und schließlich annimmt, daß man ihn vergiften will.

Nun zu Beispielen, die dem Primat der Umwelt, also der Gesellschaft, recht zu geben scheinen. Da kommt einem Friedrich der Zweite (1194–1250) in den Sinn, der ein sehr interessantes psycholinguistisches Experiment durchführte. Der Kaiser wollte nämlich wissen, ob Neugeborene von sich aus lateinisch, griechisch oder hebräisch sprechen würden, d. h. welche die dem Menschen angeborene, von Gott gegebene Sprache sei. Zu diesem Zweck ließ er eine kleine Gruppe von Neugeborenen von Ammen aufziehen, die Anweisung hatten, in Gegenwart der Kinder bzw. zu den Kindern nicht zu sprechen. Durch die Herstellung dieses linguistischen Vakuums hoffte der Kaiser feststellen zu können, welche Sprache diese Kinder zuerst zu sprechen beginnen würden. Der Chronist erwähnt: »Es war leider vergebliche Liebesmühe, denn die Kleinen starben alle.« Etwa sieben Jahrhunderte später erbrachte der berühmte Kinderpsychiater René Spitz den erschreckenden modernen Nachweis dieses fehlgeschlagenen Experiments. Er studierte die hohe Kindersterblichkeit in mexikanischen Findelheimen, wo den Kindern zwar alles gegeben wurde, was sie rein körperlich brauchten, aber zuwenig Kontakt mit Erwachsenen.

Wir sind dabei an Martin Buber erinnert, der in einem Referat auf dieses Problem zu sprechen kommt:

In allen Gesellschaftsschichten bestätigen Menschen einander in ihren menschlichen Eigenschaften und Fähigkeiten, und eine

*Gesellschaft kann in dem Maße mensch-
lich genannt werden, in dem ihre Mitglieder einander bestätigen. Die Grundlage
menschlichen Zusammenlebens ist eine
zweifache und doch eine einzige: der
Wunsch jedes Menschen, von den anderen
als das bestätigt zu werden, was er ist, oder
sogar als das, was er werden kann, und die
angeborene Fähigkeit der Menschen, seine
Mitmenschen in dieser Weise zu bestätigen. Daß diese Fähigkeit so weitgehend
brachliegt, macht die wahre Schwäche und
Fragwürdigkeit der menschlichen Rasse
aus. Wirkliche Menschlichkeit besteht nur
dort, wo sich diese Fähigkeit entfaltet.*[2]

Soweit Buber.

Ein anderes sehr zutreffendes Zitat stammt
von William James:

*Eine unmenschlichere Strafe konnte nicht
erfunden werden als daß man, wenn dies
möglich wäre, in der Gesellschaft losgelas-
sen und von allen ihren Mitgliedern völlig
unbeachtet bleiben würde.*

Aus diesem Grund ist auch die Geschichte
des bekannten Kaspar Hauser im Lichte un-

seres heutigen Wissens über die Abhängigkeit des Individuums von dem ihn bestätigenden und formenden menschlichen Bezugssystem völlig unwahrscheinlich. Dieser junge Mann tauchte im Mai 1828 mit einem anonymen Empfehlungsbrief an die Behörden in Nürnberg auf, gab an, 16 Jahre alt und Zeit seines Lebens bisher in einem finsteren Gemach festgehalten worden zu sein. Man hätte ihm das Essen unter der Türe hereingeschoben, er hätte nie einen anderen Menschen gesehen noch mit jemandem gesprochen. Man hat nie herausgefunden, was es mit Kaspar Hauser wirklich auf sich hatte, denn drei Jahre später kehrte er mit mehreren Stichwunden nach Hause zurück und starb am 14. Dezember 1833.

Man könnte diese lineare Kausalität auch umkehren. Das hat z. B. die Antipsychiatrie der sechziger Jahre getan und ist damit nicht sehr weit gekommen, wie wir heute wissen. Man sagte sich damals: Es ist nicht wahr, daß die Gesellschaft unter der geistigen Abnormalität gewisser ihrer Mitglieder leidet. Es ist vielmehr so, daß die Gesellschaft pathogen, also krankheitserzeugend ist und ihre sensibelsten Mitglieder eben unter dieser Pathologie leiden.

Das Zusammenspiel von »innen« und »außen«

An einigen Untersuchungen will ich aufzeigen, wieviel unmittelbarer der Wirkungszusammenhang zwischen Monade und Kollektiv ist. Ich will zuerst ein Beispiel erwähnen, das vor drei Jahren durch die Weltpresse ging. In einem sehr eleganten Reitklub der Stadt Sao Paolo mußte das Geländer der Veranda erhöht werden, denn es war schon mehrfach vorgekommen, daß Menschen dort rücklings über das Geländer gestürzt waren. Ein Verhaltenswissenschaftler ging der Sache nach und kam zu dem an sich schon bekannten Ergebnis, daß es in jeder Kultur eine für richtig gehaltene Entfernung gibt, die man einnimmt, wenn man stehend mit einem anderen Menschen spricht. Bei uns in Westeuropa oder in den Vereinigten Staaten ist das die sprichwörtliche Armeslänge. In den Mittelmeerländern und in Südamerika ist die Distanz jedoch kürzer. Nun stellen Sie sich vor, daß ein Nordamerikaner und ein Brasilianer auf jener Veranda ins Gespräch gekommen waren. Der Nordamerikaner nahm die richtige Distanz ein, die jeder Normale einnimmt, wenn er mit einem anderen spricht. Der Brasilianer fühlte sich aber zu weit abstehend und rückte auf, der Nordamerikaner stellte wieder die richtige Entfernung her, der Brasilianer tat das ebenfalls, bis dann der Nordamerikaner an jenes Geländer anstieß und hinunterfiel.

Wenn man nun den Fehler begeht, die Sache nur monadisch zu betrachten, dann müßte man diesem Amerikaner einen Todestrieb zuschreiben. Wenn man sich hingegen darüber Rechenschaft ablegt, daß es sich um eine Komplikation handelt, die sich aus zwei verschiedenen Annahmen über die gesellschaftliche Wirklichkeit ergibt, dann bekommt die Sache auf einmal einen ganz anderen Sinn.

Ein anderes Beispiel: Nach dem Zweiten Weltkrieg schickte man von amerikanischer Seite aus eine Forschergruppe nach England, um ein soziologisch sehr interessantes Phänomen zu studieren, das es in diesem Ausmaß bisher noch nie gegeben hatte. Es handelte sich um die Durchdringung einer ganzen Bevölkerung durch Hunderttausende von Angehörigen eines anderen Kulturkreises, nämlich durch die amerikanischen Soldaten, die während der Invasion in England stationiert waren. Die Wissenschaftler untersuchten unter anderem auch das Paarungsverhalten zwischen den amerikanischen Soldaten und den englischen Frauen. Dabei stieß man auf einen seltsamen Widerspruch. Die englischen Frauen bezeichneten die amerikanischen Soldaten als sexuell sehr direkt. Das war von Soldaten ja zu erwarten. Merkwürdigerweise aber sagten die Amerikaner von den englischen Mädchen genau dasselbe.

Man versuchte diesen Widerspruch zu klären und stellte fest, daß in beiden Kulturkreisen das Paarungsverhalten vom ersten Blickkontakt der zukünftigen Sexualpartner bis zum Vollzug des Geschlechtsverkehrs durch ungefähr 30 gut feststellbare Stufen läuft.

Allerdings ist in den beiden Kulturkreisen die Abfolge dieser 30 Stufen verschieden. So kommt z. B. Küssen im amerikanischen Paarungsverhalten relativ früh und ist eine harmlose Sache, während es im englischen Paarungsverhalten eine sehr erotische Bedeutung hat und daher erst spät kommt. Sagen wir, daß für Amerikaner Küssen bei Stufe 5 kommt, während es sich in England bei Stufe 25 ergibt. Stellen Sie sich vor, was geschah, wenn der amerikanische Soldat annahm, daß der Moment gekommen sei, seine neue Freundin zu küssen. Diese war nun mit einem Benehmen konfrontiert, das nicht in das frühe Stadium der Beziehung paßte und nur als unverschämt zu bezeichnen war. Das Mädchen hatte daraufhin zwei Möglichkeiten: Entweder sie floh, oder aber – da zwischen 25 und 30 nicht mehr viele Stufen liegen – sie begann, sich auszuziehen. In diesem Fall fand sich nun der amerikanische Soldat vor einem Verhalten, das er nicht erwartet hatte und das auf ihn ebenfalls »schamlos« wirkte. Diese Stufung ist natürlich niemandem bewußt, sondern man handelt einfach, ohne zu wissen, daß solche Verhaltensweisen in einen Angehörigen einer bestimmten Kultur »hineinprogrammiert« sind. Würde man einen klassischen Irrtum der Verhaltenswissenschaften begehen und das Mädchen allein beobachten, also ohne die Interaktion in Betracht zu ziehen, so könnte man die Betreffende, wenn sie fluchtartig wegläuft, als Hysterikerin, und wenn sie anfängt, sich auszuziehen, als Nymphomanin bezeichnen.

Die Fraglichkeit unseres dualistischen Weltbildes

Diese Beispiele zeigen uns, daß der Versuch, dem »Innen« oder »Außen« ein Primat zuzuschreiben, falsch wäre. Wir müssen begreifen, daß Phänomene sich aus der Beziehung

heraus ergeben und daher etwas Überpersön-
liches sind. In der Paartherapie hat man es
immer wieder mit Partnern zu tun, die sich
selbst dieser überpersönlichen Manifestation
ihrer Beziehung nicht bewußt sind. Bei dem
Gedanken, daß es etwas Drittes, Überpersön-
liches geben soll, das allein der Beziehung zu-
schreibbar ist, beginnt die große Schwierig-
keit unseres manichäischen Denkens.

Im Grunde genommen teilen wir alle die
Welt nur in wahr und falsch, gut und
schlecht, schwarz und weiß ein. Daher
kommt auch die entrüstete Ablehnung der
scheinbar seelenlosen Idee, daß eine Beziehung mehr und anders geartet sei als die
Summe der Eigenschaften der beiden Bezie-
hungspartner. Die Entrüstung über diesen
systemischen Ansatz geht im Prinzip auf dieselbe Anschauungsweise zurück, die im letzten Jahrhundert vorherrschend war und laut
der man annahm, daß der Mensch in einer
ganz bestimmten vorgegebenen Weise geboren werde. Lombroso schrieb in seinem berühmten Buch »Der geborene Verbrecher«,
daß einige von uns als Verbrecher zur Welt

kommen, so wie andere blaue oder braune
Augen haben.

Weltbeglückende Ideologien scheinen besonders leicht in den angeblich unauflösba-
ren Widerspruch zwischen diesen Pseudo-
entitäten zu verfallen. Arthur Koestler läßt in
seinem Roman »Sonnenfinsternis« seine
Hauptfigur Rubaschow, einen Gefolgsmann
Stalins, der selbst in den Kerker kommt und
seine Liquidierung erwartet, schreiben:

*Die Partei leugnete den freien Willen des
Individuums – und forderte gleichzeitig
seine freiwillige Hingabe. Sie leugnete
seine Fähigkeit, zwischen zwei Möglichkeiten zu wählen – und forderte gleichzeitig, daß es ständig die rechte Wahl
treffe. Sie leugnete sein Vermögen, zwischen Gut und Böse zu unterscheiden –
und sprach gleichzeitig in pathetischen
Tönen von Schuld und Verrat. Das Individuum stand im Zeichen der ökonomischen
Fatalität, ein Rad im Uhrwerk, das, vor
Urzeiten einmal in Gang gesetzt, unauf-
haltsam und unbeeinflußbar abschnurrte –
und die Partei verlangte, daß das Rad ge-*

gen das Uhrwerk aufstehe und seinen Ablauf ändere. Irgendwo mußte ein Fehler in
dieser Rechnung stecken; die Gleichung
ging nicht auf.[3]
Soweit Koestler.

Robespierre, einer der führenden Männer
der Französischen Revolution, sprach von
diesem merkwürdigen Umkippen höchst
wünschenswerter Eigenschaften in ihr Gegenteil genauso klar, wenn auch in anderen
Begriffen als Rubaschow. Robespierre sagte:
*Wenn der Geist der Regierung im Frieden
die Tugend ist, so ist er während der Revolution Tugend und Terror zugleich. Tugend, ohne die der Terror verderblich ist.
Terror, ohne den die Tugend ohnmächtig
ist. Terror ist nichts anderes als rasche,
strenge und unbeugsame Gerechtigkeit. Er
ist eine Öffnung der Tugend. Der Terror
ist nicht ein besonderes Prinzip der Demo-
kratie, sondern ergibt sich aus ihren
Grundsätzen, welche dem Vaterland als
dringendste Sorge am Herzen liegen müssen.*[4]
Mit der Erfindung der Guillotine wird die

Technologie zur Anwendung des Terrors ge-
liefert. Robespierre selbst, nebenbei bemerkt,
wohnte nur einer einzigen der 30 000 bis
40 000 Hinrichtungen bei, nämlich seiner
eigenen. Seine intellektuelle Zartfühligkeit
hätte ihm nicht mehr erlaubt.

Man ist an Himmler erinnert, der sich eine
Massenhinrichtung von russischen Bauern
und Juden in Smolensk ansah und dem es bereits nach der ersten Salve übel wurde, so daß
er abreisen mußte. Aus der Entfernung seines
Hauptquartiers dann sprach er seinen Man-
nen brieflich Dank für ihre so selbstlose
Pflichterfüllung aus.

Die Erweiterung unserer Sichtweise durch den Faktor »Beziehung«

Wir haben es also mit Dimensionen zu tun, in
denen unser manichäisches Denken versagt.
Wir müssen umdenken lernen. Wie das aussehen kann, dafür bietet uns Bertrand Russel

einen sehr wichtigen und brauchbaren Hinweis. Er verweist darauf, daß ein häufiger Fehler in der Wissenschaft darin liege, zwei Sprachen zu vermengen, die streng voneinander getrennt sein müßten. Nämlich die Sprache, die sich auf die Objekte bezieht, und die, die sich auf Beziehungen bezieht. Ein Beispiel: Wenn ich sage, dieser Apfel ist rot, dann habe ich in der Objektsprache eine Eigenschaft dieses Objektes Apfel bezeichnet. Sage ich dagegen, dieser Apfel ist größer als jener, dann habe ich eine Aussage über die Beziehung gemacht, die sich nicht mehr auf den einen oder den anderen Apfel zurückführen läßt. Die Eigenschaft des Größerseins kann nur in bezug auf die Beziehung verstanden werden. Das ist so schwer zu begreifen. Unser beginnendes Verständnis der Eigenschaften von Beziehungen ist noch ein sehr rudimentäres und gibt uns bisher eigentlich mehr Rätsel auf als Erklärungen. Den Biologen allerdings ist die Sache weniger unbekannt, denn sie arbeiten schon seit Jahrzehnten mit dem Begriff der Neubildung. Sie wissen, daß man beim Zusammenwirken zweiter Entitäten im weitesten Sinn – ob das nun Atome, Moleküle, Organe etc. sind – immer mehr andersartige Faktoren feststellen kann als die Summe der Eigenschaften der die Beziehung zusammensetzenden Entitäten. Für mich sind Seele und Gesellschaft zwei auf diese Weise in Beziehung stehende und daher nicht trennbare Begriffe.

Arthur Koestler verweist in dem Buch »Der göttliche Funke« darauf, daß Entdeckungen und Erfindungen – und auch der Humor, nebenbei bemerkt – eigentlich niemals oder sehr selten im Entdecken einer vollkommen neuen Sache bestehen, sondern daß die Entdeckung vielmehr die Herstellung einer bisher unbekannten Beziehung zwischen zwei bereits bekannten Dingen im weitesten Sinne ist. Und er sagt, daß je bekannter jene beiden Dinge für sich sind, desto verblüffender, überraschender und genialer dann diese Entdeckung zu sein scheint.

In seinem Buch »Scheinprobleme der Wirklichkeit« spricht Max Planck über etwas im Grunde genommen Analoges. Er fragt sich nämlich, wie man die Idee der Wil-

lensfreiheit definieren oder nachweisen
kann. Dabei macht er die wichtige Unterscheidung zwischen »innen« und »außen«.
Er sagt, daß der Wille von außen betrachtet
kausal determiniert, von innen betrachtet frei
sei. Es kommt also auf den Standpunkt an,
den man einnimmt:

> *Mit der Feststellung dieses Sachverhalts*
> *erledigt sich das Problem der Willensfrei-*
> *heit. Es ist nur dadurch entstanden, daß*
> *man nicht darauf geachtet hat, den Stand-*
> *punkt der Betrachtung ausdrücklich fest-*
> *zulegen und einzuhalten. Wir haben hier*
> *ein Musterbeispiel für ein Scheinpro-*
> *blem.«* [5]

Die meisten Kontroversen entstehen an diesem Punkt, nämlich durch die Empörung
über die Entmenschlichung des Individuums
durch die modernen Richtungen, die sich mit
Systemen befassen. Meiner Meinung nach
sollte man die Möglichkeit der Computeri-
sierung des menschlichen Lebens, die von
einer Reihe von Leuten in Erwägung gezogen
wird, doch nicht allzu ernst nehmen. Es ist
für mich als Therapeut sehr interessant, mit

Leuten zu arbeiten, die mit leuchtenden Augen den Tag herbeisehnen, an dem endlich die menschliche Welt von allem Irrationalen und von allen Gefühlswallungen befreit sein und sich auf o und 1 reduzieren lassen wird. Merkwürdigerweise kommen diese Leute dann zum Therapeuten, weil sie eine große innere Leere fühlen – und der Kokaingebrauch unter ihnen ist recht hoch. Scheinbar muß man sich die ganze Irrationalität wieder herholen, wenn man sie tagsüber zu verneinen sucht.

Nein, wir sind keine computerisierbaren Faktoren. Wir sind sowohl determiniert durch die Eigenschaften des Systems, dem wir angehören, wie auch in der Lage, selbständig einzugreifen und Wandel bewirken zu können. Zwischen Individuum und System, zwischen »innen« und »außen« besteht also eine Interdependenz, die wir zunehmend in Betracht ziehen werden müssen, um zu unseren Problemen andere Zugänge zu finden. Wie das praktisch aussehen soll, darüber kann ich leider keine großen Angaben machen.

Die Strategie der kleinen Schritte

Unser Herangehen an die Probleme – gerade vom Systemischen her – sollte durch einen Grundsatz bedingt sein, den viele Problemlöser heute schon anwenden, besonders, wenn es sich um sehr komplexe Situationen handelt. Das Rezept lautet, sich nicht zu fragen, was wir tun müssen, um die Dinge zu verbessern, sondern sich die äußerst nihilistische Frage zu stellen, was wir tun müßten, um die Lage vollkommen unmöglich zu machen. Dieses scheinbar so negative Denken hat den großen Vorteil, daß wir uns nicht auf weiß Gott welche hohen Ideale einstellen, sondern daß wir uns ernsthaft fragen, welche Systemeigenschaften wir in Betracht ziehen bzw. respektieren müssen, um eine Verschlechterung des Problems zu vermeiden. Der Fehler, den ich sowohl als Therapeut wie auch als Berater von Großfirmen am häufigsten sehe, ist die Annahme, daß ein großes komplexes Problem nur durch ebenso große komplexe

Lösungsstrategien angegangen werden kann. Allein schon die Entwicklungsgeschichte des Lebens auf unserem Erdball lehrt uns ein Besseres, denn die unerhörte Komplexität des Lebens entstand aus einfachsten Ausgangsbedingungen und in kleinsten Schritten. Wie wir wissen, waren alle großen Wandlungen in der Evolution katastrophisch. Das Kleine ist möglicherweise bedeutender als das Große. Das ist für viele Weltbeglücker natürlich eine überaus schäbige Idee, mit der man die Massen nicht begeistern kann.

Die Naturwissenschaften haben diese Phänomene bereits in ihrer Sprache und in ihrer Weise postuliert. Sie werden sich erinnern, daß die Entropie im Sinne des Zweiten Hauptsatzes der Wärmelehre die Tendenz von Systemen bezeichnet, aus einem Zustand der Ordnung in Unordnung überzugehen. Dagegen gibt es aber auch eine Negentropie, das ist die Art von Prozessen, die wir in der Natur immer wieder beobachten können: das Wachsen, Sich-Verbessern. Ich glaube, wir sollten am besten zu Dienern der Negentropie werden.

Mir ist in diesem Zusammenhang Heinz von Foersters ethischer Imperativ sehr wichtig. Er lautet: »Handle stets so, daß weitere Möglichkeiten entstehen.«

Die Einheit von »innen« und »außen«

In diesem Zusammenhang möchte ich auf Erlebnisse eingehen, bei denen vom Aufhören des Widerspruchs zwischen Selbst und Welt berichtet wird. Im Englischen heißen sie »The near death experience«, gemeint ist das Erlebnis der Todesnähe, verbunden mit der Annahme, nun sei es aus. Es gibt ausführliche Studien anhand der Aussagen von Leuten, die um Haaresbreite dem Tod entronnen sind und die alle eines gemeinsam haben. Im Augenlick des vermeintlichen Todes tritt nämlich nicht, wie man vielleicht glaubt, die Angst vor dem Sterben ein, sondern ein Zustand, den der Betreffende möglicherweise noch nie zuvor erlebt hat. Man spürt eine unglaubliche Ruhe, ein Gefühl der Harmonie und der Stimmigkeit, das plötzliche Einssein mit der Welt.

Robert Musil beschreibt in seiner Erzählung »Der Fliegerpfeil«* das Erlebnis des Heruntersausens eines Fliegerpfeils:

Es war ein dünner, singender, einfacher, hoher Laut, wie wenn der Rand eines Glases zum Tönen gebracht wird. Aber es war etwas Unwirkliches daran. »Das hast du noch nie gehört«, sagte ich mir. Und dieser Laut war auf mich gerichtet. Ich war in Verbindung mit diesem Laut und zweifelte nicht im geringsten daran, daß etwas Entscheidendes mit mir vor sich gehen wolle. Kein einziger Gedanke in mir war von der Art, die sich in den Augenblicken des Lebensabschiedes einstellen soll. Sondern alles, was ich empfand, war in die Zukunft gerichtet. Ich muß einfach sagen, ich war

---

* Fliegerpfeile waren kleine Stahlpfeile, die im Ersten Weltkrieg aus Flugzeugen auf feindliche Truppenansammlungen abgeworfen wurden.

*sicher, in der nächsten Minute Gottes
Nähe in der Nähe meines Körpers zu fühlen. Mein Herz schlug breit und ruhig. Ich
kann noch nicht einen Bruchteil einer Sekunde erschrocken gewesen sein. Es fehlte
nicht das kleinste Zeitteilchen in meinem
Leben.*[6]

Noch wirklichkeitsbezogener erzählt Koestler in dem zweiten Band seiner Autobiogra-
phie »Die Geheimschrift. Bericht eines Lebens« ein solches Erlebnis. Er war von den
Franco-Truppen in Spanien, wo er als Jour-
nalist für eine englische Zeitung gearbeitet
hatte, festgenommen, der Spionage verdäch-
tigt und zum Tode verurteilt worden. Er war-
tete im Gefängnis von Sevilla auf seine Hin-
richtung. In dem Kapitel »Die Stunden am
Fenster« beschreibt er das Durchbruchser-
lebnis in eine zeitlose, unmittelbar stimmige
Wirklichkeit.

*Einige Tage nach meiner Überführung in
Sevilla wurde ich mir zum ersten Mal dessen bewußt. Ich kratzte mit einem eisernen
Draht, den ich von der Sprungfederma-
tratze losgemacht hatte, mathematische*

Formeln auf die Wand. *Mathematik und besonders Analytische Geometrie war eine der Lieblingsbeschäftigungen meiner Jugend. Ich versuchte mich zu erinnern, wie man die Gleichung der Hyperbel ableitet. Es gelang mir nicht. Dann versuchte ich es mit der Ellipse und mit der Parabel. Die gelangen mir zu meiner Freude. Dann rief ich mir Euklids Beweis für die Unendlichkeit der Primzahlenreihe ins Gedächtnis zurück. (...) Als ich mich jetzt an die Methode erinnerte und die Symbole an die Wand kratzte, verspürte ich das gleiche Entzücken wie schon als Schüler. Dann plötzlich verstand ich zum ersten Mal den Grund dieses Entzückens. Die auf die Wand gekritzelten Symbole stellen einen der seltenen Fälle dar, in denen eine sinnvolle und faßbare Aussage über das Unendliche mit präzisen endlichen Mitteln erreicht wird. Das Unendliche ist wie eine mystische, in Nebel gehüllte Masse, und doch war es möglich, etwas darüber zu erfahren, ohne sich in verschwommenen Unklarheiten zu verlieren. Die Bedeutung die-*

ser Erkenntnis schlug über mir zusammen wie eine Welle. Die Welle war einer artikulierten, verbalen Einsicht entsprungen, die sich aber sofort verflüchtigt hatte und nur einen wortlosen Niederschlag zurückließ, einen Hauch von Ewigkeit, ein Schwingen des Pfeils im Blauen. Ich muß so einige Minuten verzaubert dagestanden haben in dem wortlosen Bewußtsein: »Das ist vollkommen.« Dann gewahrte ich ein leichtes geistiges Mißbehagen im Hintergrund meiner Gedanken. Ein trivialer Umstand störte die Vollkommenheit des Augenblicks. Ich war ja im Gefängnis und man würde mich wahrscheinlich erschießen. Aber gleich darauf stellte sich ein Gefühl ein, das, in Worte übersetzt, lauten würde: »Und wenn schon, ernstere Sorgen hast du nicht?« Ein Gefühl, so spontan, so frisch und amüsiert, als ob die vorübergehende Verstimmung durch den Verlust eines Kragenknopfes verursacht worden wäre. Dann wurde mir, als glitte ich, auf dem Rücken liegend, in einem Fluß des Friedens unter Brücken des Schweigens. Ich kam

*von nirgendwo und trieb nirgendwo hin.
Dann war weder der Fluß mehr da noch
ich. Das Ich hatte aufgehört zu sein. Wenn
ich sage, »das Ich hatte aufgehört zu sein«,
so beziehe ich mich auf ein konkretes Erlebnis, das in Worten so wenig ausdrück-
bar ist wie die Empfindungen, die durch
ein Klavierkonzert ausgelöst werden, das
aber genauso wirklich ist, nein, sehr viel
wirklicher. Tatsächlich ist sein wichtiges
Kennzeichen der Eindruck, daß dieser Zustand viel wirklicher ist als irgendein je zuvor erlebter.*[7]

Ein weiteres, ähnliches Beispiel aus der Lite-
ratur ist in Dostojewskis Buch »Der Idiot« zu
finden. Die Hauptfigur, Fürst Myschkin, ist
– ebenso wie Dostojewski – Epileptiker, und
er beschreibt die Aura, jenen Zustand, der we-
nige Sekunden vor dem Eintreten des Grand
Mal, also des epileptischen Anfalls, über den
Betreffenden kommt. »In jenem Augenblicke
scheine ich irgendwie die Bedeutung jenes
ungewöhnlichen Wortes zu verstehen, daß
hinfort keine Zeit mehr sein soll. Dies ist
wahrscheinlich jene Sekunde, die für das

Wasser nicht ausreichte, um aus Moham-
meds Krug zu fließen, obwohl der epilepti-
sche Prophet Zeit hatte, alle Wohnstätten
Allahs zu schauen.« Dostojewski beruft sich
dabei auf jene Legende, wonach Mohammed
beim Eintreten des Engels Allahs in sein Zelt
sich erhob und versehentlich einen Wasser-
krug umstieß. Als er – nachdem er alle sieben
Paradiese gesehen hatte – zurückkehrte, war
das Wasser noch nicht ausgeflossen.

Die Überwindung der Diskrepanz
zwischen Selbst und Welt

Das alles ist nicht bloß mystisch im vielleicht
schlechten Sinn des Wortes, also unwissen-
schaftlich. Das Erlebnis der Todesnähe
scheint mir vielmehr jener Punkt zu sein, an
dem wir alle tatsächlich die Einheit zwischen
»innen« und »außen« wahrnehmen. Allerdings tritt das nur sehr selten auf. Unser großer Philosoph Wittgenstein muß ähnliches

im Sinn gehabt haben, als er im Tractatus schrieb: »Der Tod ist kein Ereignis des Lebens. Den Tod erlebt man nicht. Wenn man unter Ewigkeit nicht unendliche Zeitdauer, sondern Unzeitlichkeit versteht, dann lebt der ewig, der in der Gegenwart lebt. Unser Leben ist ebenso endlos, wie unser Gesichtsfeld grenzenlos ist.« Das heißt, wenn alle Voraussetzungen, alle Annahmen, alles vergangene Bedauern und alles zukünftige Hoffen und Fürchten weggefallen sind, wenn man im Einzelmoment lebt, dann lebt man, wie Wittgenstein sagt, in der Ewigkeit. Ich hätte vorgezogen, er hätte Zeitlosigkeit gesagt, das wäre vielleicht etwas zutreffender.

Wenn Sie sich selbst einmal beobachten, werden Sie merken, daß Sie in dauerndem Vorausdenken befangen sind. Durch Grübeln und Hadern mit der Vergangenheit, durch Erwartungen an die Zukunft leben wir niemals im gegenwärtigen Augenblick. Hier möchte ich kurz eine Zen-Geschichte erwähnen. Ein in Meditation erfahrener Mann wurde einmal gefragt, warum er trotz seiner vielen Beschäftigungen immer so gesammelt sein könne. Er antwortete: »Wenn ich stehe, dann stehe ich. Wenn ich gehe, dann gehe ich. Wenn ich sitze, dann sitze ich. Wenn ich esse, dann esse ich.« Da fielen ihm die Fragesteller ins Wort und sagten: »Das tun wir auch. Aber was machst du noch darüber hinaus?« Er aber sagte zu ihnen: »Nein. Wenn ihr sitzt, dann steht ihr schon. Wenn ihr steht, dann lauft ihr schon. Wenn ihr lauft, dann seid ihr schon am Ziel.«

Hierzu auch Viktor Frankl: »Sich selbst verwirklichen kann der Mensch nur in dem Maße, in dem er sich selbst vergißt, in dem er sich selbst übersieht.« Mit einem Wort, die heute so viel zitierte Selbstverwirklichung ist nur zu haben um den Preis von Selbsttranszendenz. Ist es also so, daß der wahre Sinn sich nur dann offenbart, wenn wir ihn nicht mehr suchen? Wenn wir statt suchen gelernt haben, mit dem Suchen aufzuhören? Das ist für die meisten Menschen eine unvorstellbare Idee. Wir glauben immer, das Großartige sei irgendwo da draußen zu erreichen. Es will uns nicht in den Sinn, daß gerade die Suche der Grund sein soll, daß wir nicht finden können.

Dante berichtete von seiner Reise ins Paradies und ins Inferno. Auf dem Tor zur Hölle sollen die Worte stehen: »Laßt alle Hoffnung fahren, die ihr hier eintretet.« Aus einer absolut glaubwürdigen Quelle weiß ich, daß Dante hier einen Fehler beging. Er hatte seine Reisenotizen durcheinandergebracht. Die eben erwähnten Worte stehen nicht am Eingang zur Hölle sondern am Eingang zum Paradies. Ins Paradies tritt ein, der jede Hoffnung aufgegeben hat.

Der englische Dichter Alexander Pope sagt im Grunde genau dasselbe: »Gesegnet sei, der da nichts erwartet, denn er soll herrlich überrascht werden.« Und der Winterthurer Dichter Lothar Kempter scheint das mit seinem Gedicht »Ins Ohr zu flüstern« ebenfalls zu meinen:

Schließe die Augen, dann wirst du
schauen.
Brich deine Mauern, dann wirst du bauen.
Lerne harren, dann wirst du gehen.
Lasse dich fallen, dann wirst du stehen.

Die Fragwürdigkeit unserer Wahrnehmung

Ich möchte nun allmählich zum Thema des Radikalen Konstruktivismus überleiten und zitiere zuerst eine Passage aus dem Buch »Laws of Form« (Die Gesetze der Form) des englischen Logikers und Kybernetikers Spencer Brown. Er sagt dort, daß die Welt so beschaffen zu sein scheint, daß sie sich selbst sehen kann:

Um dies jedoch zu erreichen, muß sich die Welt zuerst selbst trennen, nämlich in einen Zustand, der sieht, und in einen anderen, der gesehen wird. In diesem zerschnittenen, verstümmelten Zustand ist das, was sie sieht, nur teilweise sie selbst. Wir dürfen annehmen, daß die Welt sich selbst entspricht (das heißt von sich selbst ununterscheidbar ist), daß sie aber bei jedem Versuch, sich selbst zu sehen, so verfahren muß, daß sie sich von sich selbst unterscheidet und daher sich selbst verfälscht. In diesem Zustand wird sie ihrem eigenen Erfassen stets selbst teilweise entgehen.[8]

Auch die Physiker betonen immer wieder, daß die Beobachtung in eine andere Wirklichkeit führt. Es ist ja nicht nur so, wie Heisenberg sagte, daß die Beobachtung auf das Beobachtete einwirkt, sondern es ist auch so, daß das Beobachtete auf den Beobachter zurückwirkt.

Der berühmte Biologe Francisco Varela sagt:

Der Ausgangspunkt dieses Kalküls der Rückbezüglichkeit ist das Setzen einer Unterscheidung. Mit diesem Urakt der Trennung scheiden wir Erscheinungsformen voneinander, die wir dann für die Welt selbst halten. Davon ausgehend bestehen wir dann auf den Primat der Rolle des Beobachters, der seine Unterscheidungen an beliebiger Stelle macht. Doch diese Unterscheidungen, die einerseits unsere Welt erschaffen, enthüllen andererseits aber eben dies, nämlich die Unterscheidungen, die wir machen. Und sie beziehen sich viel mehr auf den Standpunkt des Beobachters als auf die wahre Beschaffenheit der Welt, die infolge der Trennung von Beobachter und Beobachtetem immer unerfaßbar bleibt. Indem wir der Welt in ihrem bestimmten So-Sein gewahr werden, vergessen wir, was wir unternahmen, um sie in diesem So-Sein zu finden. Und wenn wir zurückverfolgen, wie es dazu kam, finden wir kaum mehr als das Spiegelbild unserer Selbst in und als Welt. Im Gegensatz zur weitverbreiteten Annahme enthüllt die sorgfältige Untersuchung einer Beobachtung die Eigenschaften des Beobachters. Wir, die Beobachter, unterscheiden uns gerade durch die Unterscheidung dessen, was wir anscheinend nicht sind, nämlich durch die Welt.[9]

Und damit sind wir an dem Punkt angelangt, wo die ganze Frage des »Außen« überaus relativ wird und wir uns mit der Frage des Wahrnehmens beschäftigen müssen. Dazu will ich eine orientalische Geschichte erzählen, die in ihrer Struktur bereits das Wesentliche, das ich aufzeigen möchte, enthält. Es ist die Geschichte von einem Vater, der mit seinem kleinen Sohn an einem sehr heißen Tag auf einer staubigen Landstraße unterwegs ist. Der Vater führt den Esel, auf dem der Kleine reitet. Es kommt ihnen eine Gruppe von Menschen entgegen, und der Vater hört ihr Gespräch: »Schaut euch mal das an! Der Vater geht zu Fuß, und der Bub sitzt auf dem Esel. Wie der Vater diesen Kerl verwöhnt! Was soll denn aus dem mal werden?« Als der Vater das hört, nimmt er den Sohn vom Esel herunter, steigt selbst auf, und sie gehen weiter. Da kommt wieder eine Gruppe daher, die sagt: »Schaut euch bloß mal das an. Er reitet, und der Kleine muß an einem solch heißen Tag zu Fuß gehen. Hat er kein Mitleid mit dem Kind?« Darauf holt der Vater den Sohn zu sich auf den Esel. Nach einiger Zeit kommt ihnen eine dritte Gruppe entgegen, die spricht: »Zu zweit reiten sie auf dem armen Tier. Haben die kein Herz?« Darauf steigt der Vater ab, nimmt den Jungen vom Esel und beide beginnen, den Esel zu tragen. Es kommt eine weitere Gruppe aus der Gegenrichtung und... Ich überlasse es Ihnen, sich vorzustellen, was die sagen.

Die Unterscheidung zwischen Wahrnehmung und Sinnzuschreibung als Basis des Radikalen Konstruktivismus

Nehmen Sie nun an, Sie werden Zeuge folgenden Vorfalls: Sie sehen einen Mann ins Wasser springen, um einen Ertrinkenden zu retten. Was, denken Sie, sind die Beweggründe dieses Menschen? Die Tatsache, daß Sie den Mann ins Wasser springen sahen, wird Ihnen von Ihren Sinnesorganen, hauptsächlich den Augen, über Ihr Zentralnervensystem mitgeteilt. Die Bedeutung aber, die Sie diesem Gesehenen zuschreiben, hat keine objektive, klare, eindeutige Gültigkeit mehr. Hat er das getan, um als Held zu erscheinen? Sieht er das als Einzahlung auf sein himmlisches Bankkonto? Oder wußte er, daß der Ertrinkende ein Millionär ist? Es gibt nur Zuschreibungen von Sinn, über die man endlos debattieren kann. Das ist keineswegs eine neue Einsicht. Epiktet stellte schon im ersten nachchristlichen Jahrhundert fest: »Es sind nicht die Dinge, die uns beunruhigen, sondern die Meinungen, die wir von den Dingen haben.«

Ich möchte vor allem darauf verweisen, daß wir es eigentlich mit zwei Wirklichkeiten zu tun haben. Das ist eine für mich wichtige Unterscheidung, die sich auch der Radikale Konstruktivismus zu seiner Basis gemacht hat. Es gibt erstens einmal die Wirklichkeit, die uns unsere Sinnesorgane vermitteln. Ich möchte gar nicht darauf eingehen, daß die Wahrnehmung der Wirklichkeit über unsere Sinnesorgane das Ergebnis einer phantastisch-komplexen Konstruktion unseres Zentralnervensystems ist. Da draußen gibt es nämlich keine Farben sondern nur elektromagnetische Wellen. Wir sehen die Farben lediglich deswegen, weil wir Augen haben. Und ich pflege meine Kollegen von der Physik zu ärgern, indem ich sage: »Ihr lieben Leute, da draußen gibt's nur elektromagnetische Wellen, weil ihr Apparate gebastelt habt, die auf etwas ansprechen, das ihr dann ›elektromagnetische Wellen‹ nennt.« Damit ist die Sache nur weitergeschoben, aber nicht geklärt.

Aber zurück zur Unterteilung in zunächst einmal die direkte Wahrnehmung via Sinnesorgane und darauf folgend die Zuschreibung von Sinn, Bedeutung und Wert an diese Wahrnehmungen. Die Wirklichkeit erster Ordnung wäre also die direkte Wahrnehmung, die Wirklichkeit zweiter Ordnung ist dann eben die Zuschreibung von Bedeutung, Sinn und Wert. Und es gibt keine objektive Klarlegung oder Festlegung der Richtigkeit dieser Zuschreibung. Aber wir alle haben die merkwürdige Idee, daß die Art und Weise, wie wir die Welt sehen, die Welt in ihrem objektiven So-Sein widerspiegelt. Und wir legen uns nicht darüber Rechenschaft ab, daß wir es sind, die dieser Welt Bedeutung zuschreiben.

Dazu ein passendes Beispiel aus der Geschichte, das von Plutarch aus dem ersten nachchristlichen Jahrhundert stammt. Plutarch beschrieb, daß in der kleinasiatischen Stadt Milet eine Selbstmordepidemie unter jungen Frauen ausgebrochen war. Diese nahm solche Ausmaße an, daß die Stadtväter, dem Rate eines weisen Mannes folgend, einen Erlaß herausgaben, wonach die nackten Körper dieser Selbstmörderinnen öffentlich auf dem Marktplatz ausgestellt werden mußten. Dadurch hörte die Selbstmordepidemie praktisch über Nacht auf. Daran sieht man, wie bedeutungsvoll die Zuschreibung von Sinn oder die Einführung eines neuen Gesichtspunktes in einer bestimmten Situation sein kann.

Absage an die Annahme einer objektiven Wirklichkeit

Die Idee einer dem menschlichen Geist zugänglichen, objektiv existierenden Wirklichkeit ist philosophisch seit mindestens 200 Jahren unhaltbar. Schon Giambattista Vico soll gesagt haben, daß wissenschaftliches Arbeiten darin bestehe, »die Dinge in eine schöne Ordnung zu setzen«. In ganz ähnlichem Sinn äußerte sich Kant: »Aller Irrtum besteht darin, daß wir unsere Art, Begriffe zu bestimmen oder abzuleiten oder einzuteilen, für Bedingungen der Sachen an sich halten.« Und Jaspers sagte: »Das Unheil menschlicher Existenz beginnt, wenn das wissenschaftlich Gewußte für das Sein selbst gehalten wird, und wenn alles, was nicht wissenschaftlich wißbar ist, als nicht existent gilt.« Das sind sehr bedeutende Überlegungen, die von der Philosophie kommen. Aber interessanterweise kommen nicht nur von der Philosophie, die ihrerseits eine Konstruktion ist, Bestätigungen, sondern auch aus einer Richtung, aus der man das nicht erwarten würde, nämlich von der theoretischen Physik. Einstein soll in einem Gespräch mit Heisenberg schon 1926 gesagt haben: »Es ist unmöglich, nur beobachtbare Größen in eine Theorie aufzunehmen. Es ist vielmehr die Theorie, die entscheidet, was man beobachten kann.« Und Heisenberg schreibt dann selbst in seinen gesammelten Werken:

Die Wirklichkeit, von der wir sprechen können, ist nie die Wirklichkeit an sich, sondern eine gewußte Wirklichkeit oder sogar in vielen Fällen eine von uns gestal-

tete Wirklichkeit. Wenn gegen diese letztere Formulierung eingewandt wird, daß es schließlich doch eine objektive, von uns und unserem Denken völlig unabhängige Welt gebe, die ohne unser Zutun abläuft oder ablaufen kann und die wir eigentlich mit der Forschung meinen, so muß diesem zunächst so einleuchtenden Einwand entgegengehalten werden, daß schon das Wort »es gibt« aus der menschlichen Sprache stammt und daher nicht gut etwas bedeuten kann, das gar nicht auf unser Erkenntnisvermögen bezogen wäre. Für uns gibt es eben nur die Welt, in der das Wort »es gibt« einen Sinn hat.[10]

Die Grenze zwischen Normalität und Wahnsinn

Sie sehen also, daß die Annahme einer wirklichen Wirklichkeit auch im Bereich einer scheinbar absolut objektiven Wissenschaft

wie der theoretischen Physik nicht haltbar
ist. Aber in der Psychiatrie wird an dieser Annahme weiterhin festgehalten. Das Kriterium
menschlicher, geistiger und seelischer Normalität ist die Wirklichkeitsanpassung eines
Menschen. Wer die Wirklichkeit wirklich so
sieht, wie sie ist, der ist normal, und das sind
»natürlich« vor allem wir Therapeuten...
Aber das Fehlen einer klaren Definition der
Normalität, die auf einem so anfechtbaren
Grundsatz aufbaut, macht es der Psychiatrie
unmöglich, Pathologien zu definieren. Der
Spezialist jedes anderen medizinischen Faches ist wesentlich besser dran, denn dort hat
der Arzt eine weitgehend klare Idee vom nor-
malen Funktionieren des menschlichen Körpers oder des betreffenden Organs. Es ist daher sinnvoll, in der Medizin von Pathologien
zu sprechen, eben weil die Normalität erkannt oder einigermaßen klar ist. Aber im
Falle der Psychiatrie haben wir es mit dem
Wesen Mensch zu tun. Und was der Mensch
ist, ist letzten Endes eine metaphysische
Frage, für die es keine Beweise gibt.

Vor einigen Jahren hat sich im Allgemeinen Krankenhaus der toskanischen Stadt Grosseto ein merkwürdiger Zwischenfall ereignet. Eine hochgradig schizophrene Frau sollte nach Neapel gebracht werden, um dort psychiatrisch behandelt zu werden. Als die Fahrer des Ambulanzwagens in das Spital kamen, wurden sie in ein Zimmer geschickt, in dem die Frau angezogen, die Handtasche bereit, auf dem Bett saß. In dem Moment jedoch, in dem man sie bat mitzukommen, wurde die Patientin offensichtlich wieder schizophren, denn sie leistete Widerstand, depersonalisierte und mußte schließlich mit einer Spritze beruhigt werden. Als das Rettungsauto bereits unterwegs war, stellte man fest, daß es sich um eine Verwechslung handelte. Die Dame in der Ambulanz war eine Frau aus Grosseto, die einen Verwandten besuchen wollte.

Der Grund, weshalb ich dieses Beispiel erwähne, ist nicht die Tatsache, daß hier ein bedauernswerter Fehler bzw. Irrtum begangen wurde. Für unser Thema ist interessant, daß der Irrtum eine Wirklichkeit schuf, in deren Rahmen jegliches Verhalten der Betreffenden weiterer Beweis für ihre Geistesgestörtheit war. Denn als die Frau behauptete, jemand anderes zu sein, wurde das als typische Depersonalisierung betrachtet, etc.

1973 veröffentlichte der amerikanische Psychologe David Rosenhan ein entsprechendes Forschungsergebnis. Acht seiner Mitarbeiter hatten sich freiwillig in verschiedene psychiatrische Anstalten einweisen lassen, indem sie angaben, Stimmen zu hören, die sich eigentlich auf die drei Worte »hohl«, »dumpf« und »leer« beschränkten. Diese Worte waren gewählt worden, da sie einem deutungsfreudigen Therapeuten ein weites Feld tiefer Sinnmöglichkeiten bieten. Sofort nach ihrer Aufnahme behaupteten alle acht, daß die Stimmen nun verstummt seien und verhielten sich in einer Weise, die außerhalb der psychiatrischen Klinik als völlig normal gegolten hätte. Sie wurden nach einer Behandlungsdauer von 9 bis 53 Tagen alle mit der Diagnose Schizophrenie in Remission entlassen. Auch hier war es also gleichgültig, wie normal sich die Betreffenden gaben. Im Rahmen einer einmal erzeugten Wirklichkeit war jedes Verhalten weiterer Beweis für ihre geistige Gestörtheit. So machten sie sich z. B. im Tagesraum sitzend ausführliche Notizen von ihrem Klinikaufenthalt, und der diensthabende Pfleger oder Arzt vermerkte dann im Bericht: »Patient ist wieder mit seinen endlosen Kritzeleien beschäftigt.«

Ein weiteres schönes Beispiel ist ein Handbuch, DSM genannt (Diagnostisch-statistisches Handbuch), das in Amerika existiert und nun auch auf Europa übergreift. Von diesem Handbuch bestehen bereits vier aktualisierte Ausgaben, und bei der dritten Auflage gab man dem gesellschaftlichen Druck nach und strich die Homosexualität von der Liste der seelischen Erkrankungen. Das war der größte therapeutische Erfolg, der jemals erzielt wurde, denn mit einem Federstrich waren Millionen von Menschen von ihrer »Krankheit« geheilt.

Die Zuschreibung von Normalität ist natürlich auch kulturspezifisch. Als ich in Bombay wohnte, wurde ich gewissen Swamis vorgestellt. Das sind heilige, weise Männer, die dort hohe Verehrung genießen, während hingegen im Westen auf sie ohne weiteres die Diagnose der katatonen Schizophrenie zuträfe.

Sinn oder Un-Sinn unserer Wirklichkeitsvorstellung

Es gibt jedoch ein grauenhaftes Beispiel für die Folgen, die aus der Annahme, die Wahrheit erfaßt zu haben, entstehen können. Der Graf Friedrich von Spee (1591–1635), der vielen Hexenprozessen beigewohnt hatte, wollte die Behörden darauf aufmerksam machen, daß es aufgrund der von ihnen gewählten gerichtlichen Verfahrensweise unmöglich war, daß ein der Hexerei Verdächtigter oder eine der Hexerei Verdächtigte – es waren ja meistens Frauen – jemals als unschuldig erkannt werden würde. Er schrieb daher das Buch »Cautio criminalis«, in dem er folgende Beispiele brachte: Eine Annahme war, daß Gott eine Unschuldige von Anfang an schützen und aus dieser Lage retten würde. Die Tatsache, daß Gott die betreffende Hexe nicht rettete, war bereits ein Beweis für die Schuld der Frau. Eine weitere Annahme bestand darin, aus dem Vorleben einer Verdächtigen zu erkennen, ob sie rechtschaffen war oder nicht. War das Vorleben nicht rechtschaffen, so war das ein weiterer Grund für den Verdacht. War das Leben dieser Betreffenden jedoch rechtschaffen, dann bewies das nur, daß sie wahrscheinlich eine Hexe war, denn Hexen können bekanntlich den Eindruck rechtschaffener Menschen erwecken. Im Gefängnis verhielt sich die Hexe entweder furchtsam oder aber furchtlos. Beides war wiederum Beweis ihrer Schuldhaftigkeit. War die Frau nicht furchtsam, dann deshalb, weil Hexen sich darauf verlassen, daß der Teufel sie retten wird. Ich will mit diesen Beispielen zeigen, daß sich aus den Annahmen, die wir der Wirklichkeit zuschreiben, entsetzliche Folgen ergeben können.

Andererseits gibt es keinen Zweifel, daß ein Leben ohne eine Annahme über die Wirklichkeit, das heißt ohne einen Sinn, unerträglich ist. Die Langeweile ist die verdünnteste Form von Angst und Leere. Daher unsere dauernde Suche nach dem Sinn. Wir lesen schon in den Psalmen: »Wie der Hirsch nach dem Wasser, so schreit meine Seele nach Dir, oh Herr.« Denken Sie an die wunderbare Bildhaftigkeit der Idee der blauen Blume von Novalis, die irgendwo im Verborgenen blüht und deren Finden dem Leben endgültige Bedeutung und Sinn verleiht. Diese Idee ist hochinteressant, weil sie nur zwei Möglichkeiten offenläßt. Entweder ich suche und suche endlos, denn es gibt endlos viele mögliche Fundorte. Oder aber ich komme zur Einsicht, daß es die blaue Blume nicht gibt. In dem Fall ist mein Leben sinnlos und untragbar.

Eine weitere Komplikation tritt dann auf, wenn wir an einem erhofften Ziel ankommen. Wir sind wie gesagt immer auf der Suche nach dem von uns für die Erfüllung gehaltenen Ziel. Ein junger Mann, zum Beispiel, will Arzt werden. Für ihn ist das Erreichen der Doktorwürde die Erfüllung. Nur muß er dann feststellen, daß das Ankommen am Ziel keineswegs der wunderbaren Stimmung, der Erwartung entspricht. Das ist ein sehr ernüchterndes Erlebnis, und es gibt dafür ein schönes japanisches Sprichwort: »Es ist besser, hoffnungsvoll zu reisen als anzukommen.«

Und Oskar Wilde sagt in »Lady Windermeres Fächer«:

Es gibt im Leben zwei Tragödien. Die eine ist die Nichterfüllung eines Herzenswunsches. Die andere ist seine Erfüllung. Von den beiden ist die zweite die bei weitem tragischere.

Auch Ernst Bloch schrieb über dieses merkwürdige Phänomen der »Melancholie der Erfüllung«.

Es gibt noch eine weitere Variante des Verhaltens nach Erreichen des angestrebten Zieles, die Leuten meines Faches sehr wohl bekannt ist. Nehmen wir eine Liebesbeziehung, die zunächst einmal alles zu versprechen scheint. Dann kommt es zu ihrer Verwirklichung, z. B. durch die Heirat, und auf einmal ist die Sache ihrer Wunderbarkeit beraubt. Die Beziehung bricht auseinander.

Sofort stellt sich das Phänomen des verlorenen Paradieses ein. Dann ist dieselbe Beziehung, weil nicht mehr existierend, plötzlich wieder der Inbegriff alles zu Erhoffenden. Und es kommt eventuell zur Wiederverheiratung und zu genau demselben Ablauf. Hier also begegnen wir dem »Unsinn des Sinns«.

Vielleicht meinte Rilke etwas Ähnliches, als er in seiner ersten Duineser Elegie sagte:

Denn das Schöne ist nichts als des Schrecklichen Anfang, den wir gerade noch ertragen, und wir bewundern es so, weil es gelassen verschmäht, uns zu zerstören.

»Sinn oder Nichtsein, das ist hier die Frage«

Das bisher Gesagte wird jedoch durch eindrucksvolle Ausnahmen dementiert, die älteren Menschen zweifellos bekannt sein dürften. Es ist nämlich so, daß die Sinnfrage sehr sekundär, ja unbedeutend wird, wenn unser physisches Überleben in irgendeiner Weise bedroht scheint. Orwell sagte bereits in einem seiner Essays: »Menschen mit leeren Bäuchen verzweifeln nicht am Universum, ja, sie denken nicht einmal daran.« Ich kann das aus meinen Erinnerungen bestätigen. Ich arbeitete in den unmittelbaren Nachkriegsjahren in Triest, das damals 180000 Einwohner und ungefähr 70000 Flüchtlinge hatte, mit all dem Elend, dem Fehlen von Wohnungen, der Ungewißheit über den Verbleib der Familienangehörigen usw. Damals hatten wir im Jahr 14 Selbstmorde. Als ich Triest Ende 1950 verließ, war der Marshall-Plan längst angelaufen, die Leute hatten Arbeit gefunden und sich Häuser gebaut, man saß in Cafés und in Restaurants, und viele Familien hatten sich wiedergefunden. Zu diesem Zeitpunkt betrug die Selbstmordrate bereits zwölf pro Monat. Das werde ich kaum jemals vergessen. Das ist auch das Problem der sogenannten Wohlstandsgesellschaften. Wer überhaupt keine Sorgen zu haben braucht, wie bei uns die jungen Leute, der wird wahrscheinlich äußerst unzufrieden leben, denn er wird nach einem Sinn suchen und wahrscheinlich annehmen, daß mehr Geld und mehr Luxus diesen Sinn erfüllen könnten. Ich hatte Gelegenheit, beruflich auch mit Millionären zu arbeiten und konnte immer wieder feststellen, daß das vierte Luxusauto oder der dritte Pelzmantel der Gattin doch nicht den Sinn des Lebens darstellen.

Die menschliche Imagination als gestaltende Lebenskraft

Ganz anderes berichtete dagegen Viktor Frankl in seinem Buch »Ein Psychologe erlebt das Konzentrationslager«, wo er beschreibt, welche enorme Bedeutung der Sinn für das Überleben eines Menschen haben kann.

Wer an eine Zukunft, wer an seine Zukunft nicht mehr zu glauben vermag, ist im Lager verloren. Mit der Zukunft verliert er den geistigen Halt, läßt sich innerlich fal-

len und verfällt sowohl körperlich als auch seelisch. Dies geschieht zumeist sogar ziemlich plötzlich, in Form einer Art Krise, deren Erscheinungsweisen dem halbwegs erfahrenen Lagerinsassen geläufig sind. [...] Gewöhnlich sah das so aus, daß der betreffende Häftling eines Tages in der Baracke liegen blieb und nicht dazu zu bewegen war, sich anzukleiden, in den Waschraum zu gehen und auf den Appellplatz zu kommen. Nichts wirkt dann mehr, nichts schreckt ihn noch – keine Bitten, keine Drohungen, keine Schläge – alles vergeblich: er bleibt einfach liegen... [11]

Ein Mithäftling Frankls verlor seinen Lebenswillen, als seine eigene, im Traum erlebte Voraussage nicht eintraf und damit zur negativen Selbsterfüllung wurde. Er sagte zu Frankl:

»Du, Doktor, ich möchte dir gern etwas erzählen. Ich habe da neulich einen merkwürdigen Traum gehabt. Eine Stimme hat mir gesagt, ich dürfe mir etwas wünschen. Ich solle nur sagen, was ich gern wissen möchte, sie wird mir jede Frage beantwor-

ten. *Und weißt du, was ich gefragt habe?*
Ich möchte wissen, wann der Krieg für
mich zu Ende sein wird. Das heißt, ich
wollte wissen, wann wir, wann unser La-
ger befreit wird, wann unsere Leiden auf-
hören werden. Und leise, geheimnisvoll
flüsterte er mir zu: ›Am 30. März.‹«
Als aber der Tag der prophezeiten Befreiung
bevorstand und die Alliierten noch weit vom
Lager entfernt waren, nahmen die Dinge für
Frankls Leidensgenossen, den Häftling F.,
einen schicksalshaften Verlauf. Und ich zitiere wieder:

Am 29. März erkrankte F. plötzlich unter
hohem Fieber. Am 30. März, also an jenem
Tage, an dem der Prophezeiung gemäß der
Krieg und damit das Leiden für ihn zu
Ende sein sollte, begann F. schwer zu deli-
rieren und verlor schließlich das Bewußt-
sein. Am 31. März war er tot. Er war an
Fleckfieber gestorben.

Als Arzt war es Frankl klar, daß sein Kame-
rad F. daran starb,

daß seine schwere Enttäuschung über das
Nichteintreffen der pünktlich erwarteten

70

Befreiung die Abwehrkraft seines Orga-
nismus gegen die bereits schlummernde
Fleckfieberinfektion plötzlich absinken
ließ. Sein Zukunftsglaube und sein Zu-
kunftswille erlahmten und so erlag sein
Organismus der Krankheit und so behielt
schließlich seine Traumstimme recht.

Das genaue Gegenteil finden wir in einem
Gebiet der Medizin, das in den letzten 20, 30
Jahren sehr eingehend untersucht wurde,
nämlich in der Frage der Placebowirkung.
Ein Placebo ist eine inerte Substanz, von der
der Kranke aber annimmt, es sei eine besonders wirksame Medizin zur Bekämpfung seiner Krankheit. Es ist erstaunlich, daß diese
Annahme den Zustand des Kranken enorm
verbessern kann.

Der Radikale Konstruktivismus:
seine Aussagen...

An dieser Stelle möchte ich wiederum auf den
Radikalen Konstruktivismus zurückkommen
und die Untersuchung jener Prozesse, durch
die wir unsere individuelle, familiäre, gesellschaftliche, politische, wissenschaftliche und
ideologische Welt schaffen, dann aber nai-
verweise annehmen, daß die Welt wirklich so
ist. Daß wir die Wirklichkeit nicht finden,
sondern erfinden, ist für viele Menschen
schockierend. Und das Schockierende daran
ist, daß wir – nach der Auffassung des Radikalen Konstruktivismus – von der wirklichen
Wirklichkeit (wenn es die überhaupt gibt)
immer nur wissen können, was sie nicht ist.
Im Zusammenbrechen unserer Wirklichkeitskonstruktionen erst erfahren wir, daß
die Welt so nicht ist.

Der Konstruktivist Ernst von Glasersfeld
schreibt in seiner Einführung in den Radikalen Konstruktivismus:

Wissen wird vom lebenden Organismus

aufgebaut, um den an und für sich formlo-
sen Fluß des Erlebens so weit wie möglich
in wiederholbare Erlebnisse und relativ
verläßliche Beziehungen zwischen diesen
zu ordnen. Das heißt, daß die »wirkliche«
Welt sich ausschließlich dort offenbart, wo
unsere Konstruktionen scheitern. Da wir
das Scheitern aber immer nur in eben jenen
Begriffen beschreiben und erklären kön-
nen, die wir zum Bau der scheiternden
Strukturen verwendet haben, kann es uns
niemals ein Bild der Welt vermitteln, die
wir für das Scheitern verantwortlich
machen könnten.[12]

Etwas bildhafter wäre folgende Analogie:
Ein Kapitän hat in einer stürmischen, dunk-
len Nacht eine Meeresenge zu durchfahren,
die er nicht kennt, für die er keine Seekarten
besitzt und die keine Navigationshilfen wie
Leuchtfeuer usw. hat. Unter diesen Umständen sind nur zwei Dinge möglich: Entweder
er fährt auf eine Klippe auf und verliert Schiff
und Leben. Im letzten Augenblick seines Lebens wird ihm klar, daß die Wirklichkeit dieser Meeresenge nicht so war, daß sein Kurs

nicht den Gegebenheiten dieser Meeresenge entsprach. Oder aber er erreicht das offene Meer, dann weiß er nur, daß sein Kurs paßte, aber nicht mehr. Er weiß nicht, ob es nicht einfachere, kürzere Durchfahrten gegeben hätte als die, die er blind gewählt hat. Und er weiß auch nicht, wie die wirkliche Beschaffenheit der Meeresenge war.

...seine Anwendungsbereiche

Solange unsere Wirklichkeitskonstruktionen passen, leben wir ein erträgliches Leben. Wenn die Wirklichkeitsauffassungen zusammenbrechen, kann es zu jenen Zuständen kommen, für die sich die Psychiatrie zuständig betrachtet: Wahnsinn, Verzweiflung, Selbstmord und dergleichen mehr. Ich bilde mir nicht ein, daß ich den Menschen, denen ich helfen kann, die Wahrheit vermittle. Ich kann ihnen nur eine andere Konstruktion vermitteln, die eventuell besser paßt. Mehr nicht.

Interessanterweise ist dieses Problem nicht nur ein menschliches. Einer meiner Leser hat mir ein entzückendes Beispiel mitgeteilt. Er schrieb mir, daß er einen Dobermann besitze, der die Nacht jeweils im Haus verbringt und dann am Morgen in den Garten hinausgelassen wird, wo er zu einem bestimmten Baum rennt, um sein Geschäft zu verrichten. In der Zwischenzeit bereitet sein Herrchen in der Küche eine Schüssel Milch vor, die der Hund trinkt, sobald er aus dem Garten zurückkommt. Dieses Ritual wiederholt sich jeden Morgen. Eines Morgens jedoch war keine Milch im Haus. Als der Hund in die Küche stürmte, stand er fassungslos vor der leeren Schüssel. Und was tat er dann? Er lief zurück in den Garten, hob wieder sein Bein – ohne Erfolg – und stürmte in die Küche zurück. Ich glaube, es ist nicht allzu anthropomorphisch gedacht, wenn wir annehmen, daß auch Tiere mit einem ganz bestimmten Bild der Wirklichkeit arbeiten und ebenso das Grauen des Zusammenbrechens einer solchen Wirklichkeit erleben können.

...seine Möglichkeiten

Wenn sie den Steppenwolf, jenen berühmten Roman von Hermann Hesse, kennen, erinnern Sie sich vielleicht an die Szene im Magischen Theater. Der Steppenwolf ist ein am Leben verbitterter, älterer Mensch, der im Laufe des Romans von Pablo in eine ganz neue Welt eingeführt wird. Eines Nachts gerät er ins Magische Theater, wo ihm Pablo erklärt, daß dieses Theater aus vielen Logen bestehe und sich hinter jeder Logentür eine von ihm frei gewählte Wirklichkeit befinde. In der Loge, die der Steppenwolf daraufhin betritt, erklärt ihm ein Schachmeister:

> *»Die Wissenschaft hat insofern recht, als natürlich keine Vielheit ohne Führung, ohne eine gewisse Ordnung und Gruppierung zu bändigen ist. Unrecht dagegen hat sie darin, daß sie glaubt, es sei nur eine einmalige, bindende, lebenslängliche Ordnung der vielen Unter-Ichs möglich. (...) Wir ergänzen daher die lückenhafte Seelenlehre der Wissenschaft durch den Be-*

griff, den wir Aufbaukunst nennen. Wir zeigen demjenigen, der das Auseinanderfallen seines Ichs erlebt hat, daß er die Stücke jederzeit in beliebiger Ordnung neu zusammenstellen und daß er damit eine unendliche Mannigfaltigkeit des Lebensspieles erzielen kann. Wie der Dichter aus einer Handvoll Figuren ein Drama schafft, so bauen wir aus den Figuren unsres zerlegten Ichs immerzu neue Gruppen, mit neuen Spielen und Spannungen, mit ewig neuen Situationen.« (...) Dann strich er mit heiterer Gebärde über das Brett, warf alle Figuren sachte um, schob sie auf einen Haufen und baute nachdenklich, ein wählerischer Künstler, aus denselben Figuren ein ganz neues Spiel auf, mit ganz anderen Gruppierungen, Beziehungen und Verflechtungen. Das zweite Spiel war dem ersten verwandt: es war dieselbe Welt, dasselbe Material, aus dem er es aufbaute. Aber die Tonart war verändert, das Tempo gewechselt, die Motive anders betont, die Situationen anders gestellt.
Und so baute der kluge Aufbauer aus den

Gestalten, deren jede ein Stück meiner selbst war, ein Spiel ums andre auf, alle einander von ferne ähnlich, alle erkennbar als derselben Welt angehörig, derselben Herkunft verpflichtet, dennoch jedes völlig neu.[13]

Es ist hochinteressant, daß Hermann Hesse schon in den dreißiger Jahren diesen Schachmeister einen Aufbaukünstler nennt; also jemand, der Welten, Wirklichkeiten konstruiert, wie wir heute sagen würden.

Ein anderes Beispiel ist aus dem Roman von John Fowles, »Der Magus«. Der Magus ist ein reicher Grieche namens Conchis, der sich auf der imaginären griechischen Insel Phraxos die Zeit damit vertreibt, die Wirklichkeitsauffassungen der an der dortigen Schule jeweils ein Jahr lehrenden englischen Lehrer von Grund auf zu erschüttern. Wie er an einer Stelle dem jungen Englischlehrer »erklärt«, nennt er es das »Gottspiel«, »weil« das Spiel kein Spiel ist und »weil« es keinen Gott gibt. Und in seiner Besprechung des Romans stellt Ernst von Glasersfeld unter anderem fest:

Fowles kommt dort zum Kernpunkt der konstruktivistischen Epistemologie, wo er Conchis die Idee der Koinzidenz erklären läßt. Er erzählt Nicholas zwei dramatische Geschichten, die eine von einem reichen Kunstsammler, dessen Château in Frankreich eines Nachts mit all seinem Besitz abbrennt, die andere von einem besessenen Bauern in Norwegen, der als Einsiedler seit Jahren auf die Ankunft Gottes wartet. Eines Nachts hat er die erwartete Vision. Conchis fügt hinzu, daß dies dieselbe Nacht war, in der das Château in Flammen aufging. Nicholas fragt: »Sie wollen doch damit nicht sagen…« Conchis unterbricht ihn. »Ich will damit gar nichts sagen. Zwischen den beiden Ereignissen bestand kein Zusammenhang. Kein Zusammenhang ist möglich. Oder anders gesagt, ich bin der Zusammenhang. Ich selbst bin die Bedeutung des Zusammenhangs.«[14]

Glasersfeld fügt hinzu:

Dies ist eine auf den Alltag bezogene Paraphrase von Einsteins revolutionärer Einsicht, daß es in der physikalischen Welt

*keine Gleichzeitigkeit ohne einen Beob-
achter gibt, der sie erschafft.*

…und seine Zielsetzung

Für viele Menschen ist der Radikale Konstruktivismus unannehmbar, ja geradezu
skandalös. Sie halten ihn für eine aufge-
wärmte Form des Nihilismus. Ich behaupte,
wenn es Menschen gäbe, die wirklich zu der
Einsicht durchbrächen, daß sie die Konstruk-
teure ihrer eigenen Wirklichkeit sind, würden sich diese Menschen durch drei besondere Eigenschaften auszeichnen. Sie wären
erstens frei, denn wer weiß, daß er sich seine
eigene Wirklichkeit schafft, kann sie jederzeit
auch anders schaffen. Zweitens wäre dieser
Mensch im tiefsten ethischen Sinn verantwortlich, denn wer tatsächlich begriffen hat,
daß er der Konstrukteur seiner eigenen Wirklichkeit ist, dem steht das bequeme Auswei-
chen in Sachzwänge und in die Schuld der an-

deren nicht mehr offen. Und drittens wäre ein solcher Mensch im tiefsten Sinne konziliant. Natürlich gibt es solche Menschen sehr, sehr selten. Ich habe in meinem Leben zwei getroffen, die vermutlich an dem Punkt angekommen waren.

Aber wir alle erleben gelegentlich kurze Momente, die irgendwie eine ganz besondere Bedeutung für uns haben können. Das Gesicht einer Katze. Oder die erste dünne Mondsichel am Abendhimmel. Oder ein Klavierkonzert. Ich glaube, das sind Wahrnehmungen oder Erlebnisse, in die wir nichts hineinlesen können, denn sie sprechen für sich. Wir sind plötzlich mit einer anderen Wirklichkeit als unseren Zuschreibungen von Wirklichkeit konfrontiert.

Und dann stellen Sie sich die Wirkung vor, die das folgende Gedicht des Dichters Mombert z. B. auf einen Lebensmüden haben kann:

's ist ein ewiger Gesang von Vögeln in den Urwäldern.
Stirb fünfmal und erwache wieder: sie singen doch noch immer.

Drum ist das Sterben nicht der Mühe wert
und führt dich nicht zu dem, wonach du
   suchst.

Ich binde mich an eines Berges sinnenden
   Gipfel.
zwischen silberne Gestirne.
Wenn Müdigkeit mich überfallen sollte.
will ich doch in der Höhe sein.

Quellen

1 Ashby, Ross W.: *An Introduction to Cybernetics.* New York, John Wiley & Sons, 1963.

2 Buber, Martin: »Distance and Relations«. *Psychiatry* 20, 97 (1957).

3 Koestler, Arthur: *Sonnenfinsternis.* Zürich, Artemis-Verlag, 1946, S. 229.

4 Maximilian Robespierre: *Über die Prinzipien der politischen Moral.* Rede am 5. Februar 1794.

5 Planck, Max: »Scheinprobleme der Wissenschaft«. In: *Vorträge und Erinnerungen.* Wissenschaftl. Buchgesellschaft, Darmstadt, 1969.

6 Musil, Robert: »Der Fliegerpfeil«. *Der Monat,* 3. November 1950, S. 193–195.

7 Koestler, Arthur: *Die Geheimschrift. Bericht eines Lebens, 1932–1940.* Desch, Wien/München/Basel, 1954.

8 Brown, Spencer G.: *Laws of Form.* Toronto/New York/London, 1973.

9 Verwiesen sei auf das Buch: Varela, Francisco: *Kognitionswissenschaft – Kognitionsarbeit. Eine Skizze aktueller Perspektiven.* Suhrkamp, Frankfurt am Main, 1990.

10 Heisenberg, Werner: *Physik und Philosophie.* S. Hirzel, Stuttgart, 1959.

11 Frankl, Viktor E.: *...trotzdem Ja zum Leben sagen. Ein Psychologe erlebt das Konzentrationslager.* Kösel, München, 1976.

12 Glasersfeld, Ernst von: »*Einführung in den Radikalen Konstruktivismus*«. In: Paul Watzlawick (Hg.): *Die erfundene Wirklichkeit*. Piper, München, 1981, S. 16–38.

13 Hesse, Hermann: *Der Steppenwolf*, Suhrkamp, Frankfurt am Main 1972, S. 209.

14 Glasersfeld, Ernst von: »Reflections on John Fowles' ›The Magus‹ and the Construction of Reality«. *The Georgia Review*, 33, 1979.

Paul Watzlawick

Die erfundene Wirklichkeit

Wie wissen wir, was wir zu wissen glauben? Beiträge zum Konstruktivismus. Herausgegeben von Paul Watzlawick. 326 Seiten mit 31 Abbildungen. SP 373

Münchhausens Zopf oder Psychotherapie und »Wirklichkeit«

Gesammelte Aufsätze und Vorträge. 260 Seiten mit 6 Abbildungen. SP 1237

Vom Unsinn des Sinns oder vom Sinn des Unsinns

Mit einem Vorwort von Hubert Christian Ehalt. 83 Seiten. SP 1824

»Wenn sich der brillante Philosoph und Psychoanalytiker Paul Watzlawick Gedanken über den Sinn und seine Täuschungen macht, ist Konzentration gefragt. Trotz aller Verwirrung und sprachmächtigen Wortspielereien behandelt er nämlich die zentrale Frage der menschlichen Existenz. Unbedingt ernstzunehmen.«

Forbes

Anleitung zum Unglücklichsein

132 Seiten. SP 2100

»Ein Lesevergnügen mit paradoxem Effekt. Das Nichtbefolgen der ›Anleitung zum Unglücklichsein‹ ist die Voraussetzung dafür, glücklich sein zu können.«

Brigitte

Vom Schlechten des Guten

oder Hekates Lösung. 124 Seiten. SP 1304

Paul Watzlawick / Franz Kreuzer

Die Unsicherheit unserer Wirklichkeit

Ein Gespräch über den Konstruktivismus. Mit einem Beitrag von Paul Watzlawick. 76 Seiten. SP 742

Paul Watzlawick / John H. Weakland (Hrsg.)

Interaktion

Menschliche Probleme und Familientherapie. Forschungen des Mental Research Institute 1965–1974. 526 Seiten mit 4 Abbildungen. SP 1222

Einführung in den Konstruktivismus

Mit Beiträgen von Heinz von Foerster, Ernst von Glasersfeld, Peter M. Hejl, Siegfried J. Schmidt und Paul Watzlawick. 187 Seiten mit 15 Abbildungen. SP 1165

SERIE

PIPER

SERIE PIPER

Konrad Lorenz

Der Abbau des Menschlichen
294 Seiten. SP 2029

Die acht Todsünden der zivilisierten Menschheit
112 Seiten. SP 50

In seiner Streitschrift setzt sich Konrad Lorenz mit Vorgängen der Dehumanisierung auseinander, die die Menschheit als Ganzes bedrohen: die Überbevölkerung, die Verwüstung des Lebensraums, der Wettlauf des Menschen mit sich selbst, der Wärmetod des Gefühls, der genetische Verfall, das Abreißen der Tradition, die Indoktrinierbarkeit und die Kernwaffen.

Denkwege
Ein Lesebuch. Herausgegeben von Beatrice Richter. 250 Seiten. SP 1660

Dieses Lesebuch bietet mit wichtigen Texten aus dem Gesamtwerk eine Einführung in Forschen und Denken des Verhaltensforschers und Nobelpreisträgers Konrad Lorenz.

Hier bin ich – wo bist du?
Ethologie der Graugans. 320 Seiten mit 140 teils farbigen Abbildungen. SP 1358

Über tierisches und menschliches Verhalten
Aus dem Werdegang der Verhaltenslehre. Gesammelte Abhandlungen Band I. 412 Seiten. SP 360

Über tierisches und menschliches Verhalten
Aus dem Werdegang der Verhaltenslehre. Gesammelte Abhandlungen Band II. 398 Seiten. SP 361

Die Rückseite des Spiegels
Versuch einer Naturgeschichte menschlichen Erkennens. 318 Seiten. SP 2482

Das Wirkungsgefüge der Natur und das Schicksal des Menschen
Gesammelte Arbeiten. Herausgegeben und eingeleitet von Irenäus Eibl-Eibesfeldt. 368 Seiten mit 23 Abbildungen. SP 309

Karl R. Popper / Konrad Lorenz

Die Zukunft ist offen
Das Altenberger Gespräch. Mit den Texten des Wiener Popper-Symposiums. Herausgegeben von Franz Kreuzer. 143 Seiten. SP 340

Irenäus Eibl-Eibesfeldt

Krieg und Frieden aus der Sicht der Verhaltensforschung

329 Seiten mit Abbildungen.
SP 329

»Ein immenses Material, das uns zum Nachdenken nicht anregt, sondern zwingt.«
Frankfurter Allgemeine Zeitung

Liebe und Haß

Zur Naturgeschichte elementarer Verhaltensweisen. 293 Seiten.
SP 113

»Ein lebendiges und instruktives Buch, strotzend von Material, das vielfach auf eigenen Forschungsreisen gewonnen wurde, überzeugend in seinen Analysen und Schlußfolgerungen.«
Frankfurter Allgemeine Zeitung

Der Mensch – das riskierte Wesen

Zur Naturgeschichte menschlicher Unvernunft. 272 Seiten mit 29 Abbildungen. SP 585

Haben wir noch eine Zukunft? Was hindert die Menschen daran, nach Einsicht vernünftig zu handeln? Solche Fragen stellen sich auch dem Biologen Irenäus Eibl-Eibesfeldt, der seit Jahrzehnten menschliches Verhalten erforscht. In seinem Buch zur Naturgeschichte menschlicher Unvernunft setzt er sich temperamentvoll mit solchen Fragen auseinander und gibt allgemeinverständliche Antworten aus der Sicht des Biologen und Humanethologen.

Wider die Mißtrauensgesellschaft

Streitschrift für eine bessere Zukunft. 255 Seiten. SP 2173

Ein Naturwissenschaftler, der den Mut hat, sich einzumischen, hat ein provozierendes Buch geschrieben.

»Jedenfalls ein intelligentes, ehrliches, mutiges und äußerst interessantes Buch, zudem sehr gut lesbar, das Zustimmung und Widerspruch hervorrufen wird.«
ekz-Informationsdienst

»So redlich wie mit Eibl-Eibesfeldt ist zur Zeit kaum mit jemandem zu diskutieren. Denn er will nicht Standpunkte polarisieren, sondern ›den Rahmen des Möglichen empirisch und rational‹ ausloten.«
Salzburger Nachrichten

Galápagos

Die Arche Noah im Pazifik. 507 Seiten mit 43 farbigen und 229 schwarzweißen Abbildungen sowie 52 Karten im Inselführer. SP 1232

SERIE PIPER

SERIE PIPER

Felix von Cube

Besiege deinen Nächsten wie dich selbst
Aggression im Alltag.
168 Seiten. SP 1745

»Der Mensch ist keine Graugans«, mit diesem Argument wird die Übertragung verhaltensbiologischer Erkenntnisse auf menschliche Verhaltensweisen von vielen Sozial- und Geisteswissenschaftlern infragegestellt. Der Erziehungswissenschaftler Felix von Cube weist dagegen im vorliegenden Buch nach, daß Aggression ein spontaner Trieb ist, der der natürlichen Veranlagung des Menschen entspricht. Alle traditionellen Moralen konnten die Ausübung von Gewalt nicht verhindern. Wir müssen mit der Aggression leben, es fragt sich nur, wie? Das ist für Felix von Cube der Ausgangspunkt seiner Anleitung zum Umgang mit der dem Menschen innewohnenden Aggression.

Fordern statt Verwöhnen
Die Erkenntnisse der Verhaltensbiologie in Erziehung und Führung. 336 Seiten. SP 949

Der Mensch strebte schon immer nach Verwöhnung, nach Lust ohne Anstrengung. Technik, Wohlstand, Freizeitkonsum machen dies heute möglich. Aggressive Langeweile, Gewalt, Drogenkonsum sind die Folgen. Wir zerstören die Umwelt und uns selbst.

Müssen wir Verzicht üben und Askese? Die Erkenntnisse der Verhaltensbiologie zeigen einen eigenen Weg: Aktivität statt Apathie, Abenteuer statt Langeweile, lustvoller Einsatz natürlicher Energien statt Schonen. Erziehung muß zur Selbstforderung befähigen.

»Für Pädagogen und Führungskräfte von allerhöchster Bedeutung.«
Die höhere Schule

Lust an der Leistung
Die Naturgesetze der Führung. 176 Seiten. SP 2524

Nur wer Spaß an seiner Arbeit hat, kann auf Dauer Gutes leisten. Die Verhaltensbiologie deckt die Bedingungen dafür auf, wie Lust an Leistung entsteht: Triebdynamik und soziale Einbindung müssen stimmen.

Erving Goffman

Wir alle spielen Theater

*Die Selbstdarstellung im Alltag.
Aus dem Amerikanischen von
Peter Weber-Schäfer. Vorwort von
Ralf Dahrendorf. 256 Seiten.
SP 312*

An verblüffenden Beispielen zeigt der Soziologe Goffman in diesem Klassiker das »Theater des Alltags«, die Selbstdarstellung, wie wir alle im sozialen Kontakt, oft nicht einmal bewußt, sie betreiben, vor Vorgesetzten oder Kunden, Untergebenen oder Patienten, in der Familie, vor Kollegen, vor Freunden.
Erving Goffman gibt in diesem Buch eine profunde Analyse der vielfältigen Praktiken, Listen und Tricks, mit denen sich der einzelne vor anderen Menschen möglichst vorteilhaft darzustellen sucht. Goffman wählt dazu die Perspektive des Theaters. Wie ein Schauspieler durch seine Handlungen und Worte, durch Kleidung und Gestik, angewiesen von einer unsichtbaren Regie, einen bestimmten Eindruck vermittelt, so inszenieren einzelne und Gruppen im Alltag »Vorstellungen«, um Geschäftspartner oder Arbeitskollegen von den eigenen echten oder vorgetäuschten Fähigkeiten zu überzeugen. Daß dies nichts mit Verstellung zu tun hat, sondern ein notwendiges Element des menschlichen Lebens ist, macht Goffman anschaulich und überzeugend klar.

»Die soziale Welt ist eine Bühne, eine komplizierte Bühne sogar, mit Publikum, Darstellern und Außenseitern, mit Zuschauerraum und Kulissen, und mit manchen Eigentümlichkeiten, die das Schauspiel dann doch nicht kennt ... Goffman geht es ... um den Nachweis, daß die Selbstdarstellung des einzelnen nach vorgegebenen Regeln und unter vorgegebenen Kontrollen ein notwendiges Element des menschlichen Lebens ist. Der Sozialwissenschaftler, der dieses Element in seine Begriffe hineinstilisiert – Rolle, Sanktion, Sozialisation usw. –, nimmt nur auf, was die Wirklichkeit ihm bietet ... Soziologie macht das Selbstverständliche zum Gegenstand der Reflexion.«
Ralf Dahrendorf

SERIE
PIPER

SERIE PIPER

Karl R. Popper

Auf der Suche nach einer besseren Welt

Vorträge und Aufsätze aus dreißig Jahren. 282 Seiten. SP 699

Karl Raimund Popper zählt zu den bedeutendsten Philosophen dieses Jahrhunderts. Sein »kritischer Rationalismus« und seine Konzeption der »offenen Gesellschaft« haben nachhaltigen Einfluß auf die Philosophie, die Wirtschafts- und Sozialwissenschaften und auf die Politik der westlichen Welt ausgeübt – sie tun dies bis heute. Der vorliegende Band – vom Autor selbst gestaltet – versammelt zentrale Vorträge und Aufsätze Poppers aus dreißig Jahren. Die Texte faszinieren durch ihre lebendige und klare Sprache. Sie konfrontieren den Leser mit Poppers großen Themen und mit der Vielfalt seines Denkens.

»Die Textsammlung ist selbst für versierte Popper-Kenner noch anregend und aufschlußreich.«

Das Parlament

»Wer Popper wenig oder nicht gelesen hat, wird hier einen vortrefflichen Überblick über sein Denken gewinnen.«

Die Presse

Alles Leben ist Problemlösen

Über Erkenntnis, Geschichte und Politik. 336 Seiten. SP 2300

Karl Popper hat an diesem Buch bis zu seinem Tod gearbeitet. In den sechzehn Texten kommen noch einmal die großen Themen zur Sprache, die sein Lebenswerk beherrscht haben: Fragen der Erkenntnis und der Beschränktheit der Wissenschaft, der Frieden, die Freiheit, die Verantwortung der Intellektuellen, die offene Gesellschaft und ihre Feinde.

»Karl Popper gehört . . . zu den Söhnen der jüdischen Bürgerschicht von Wien, deren Gedanken die geistige Landschaft Europas in diesem Jahrhundert verändert und geprägt haben.«

Frankfurter Allgemeine

Karl R. Popper / Konrad Lorenz

Die Zukunft ist offen

Das Altenberger Gespräch. Mit den Texten des Wiener Popper-Symposiums. Herausgegeben von Franz Kreuzer. Mit Beiträgen von Roman Sexl, Rupert Riedl, Friedrich Wallner, Paul Weingartner, Irene Papadaki, Franz Seitelberger, Marianne Fillenz, Gerhard Vollmer, W. W. Bartley III, Gerard Radnitzky, Ivan Slade, Alexandre Petrovic, Peter Michael Lingens und Norbert Leser. 143 Seiten. SP 340

Alexander Mitscherlich

Auf dem Weg zur vaterlosen Gesellschaft

Ideen zur Sozialpsychologie. 400 Seiten. SP 45

Diese Untersuchung hat den Ruhm des Psychoanalytikers als Zeit- und Gesellschaftskritiker international begründet. Mitscherlich hat hier ein sozialpsychologisches Paradigma unserer Epoche entworfen: Die »Hierarchie der Vaterrolle« zerfällt, die prägenden Vorbilder verblassen. Die daraus entstehenden Konflikte erzeugen neuartige neurotische Verhaltensweisen wie Indifferenz dem Mitmenschen gegenüber, Aggressivität, Destruktivität und Angst. Als einen der folgenreichsten Konflikte unserer Zeit bezeichnet Mitscherlich die paradoxe Entwicklung, daß der einzelne immer mehr »subjektive Autonomie« fordert und auch erlangt, zugleich sich aber den bürokratischen und anderen konformistischen Zwängen immer stärker ein- und unterordnen muß.

»Selten hat ein Buch eine so tiefgreifende, nüchterne und gerade deshalb erschütternde Zeitanalyse geboten wie dieses.«
Basler Nationalzeitung

Alexander und Margarete Mitscherlich

Die Unfähigkeit zu trauern

Grundlagen kollektiven Verhaltens. 383 Seiten. SP 168

Die Abhandlungen dieses Buches untersuchen psychische Prozesse in großen Gruppen, als deren Folge sich Freiheit oder Unfreiheit der Reflexion und der Einsicht ausbreiten. Es wird also der Versuch unternommen, einigen Grundlagen der Politik mit Hilfe psychologischer Interpretation näherzukommen, der Interpretation dessen, was Politik macht, nämlich menschlichen Verhaltens in großer Zahl.

»Es wäre ein Gewinn, wenn das Interesse an dem Thema auch Leser, die sich bisher mit Psychoanalyse überhaupt nicht beschäftigt haben, dazu führen würde, einen ersten Schritt in diese in Deutschland lange Zeit unterdrückte Gedanken- und Erkenntniswelt zu machen. Wer die Jahre vor 1933 noch einigermaßen bewußt, wenn auch jugendlich miterlebt hat, kann heutzutage nur staunen, wie ahnungslos die Generationen der jetzt Vierzigjährigen diesem ganzen Komplex gegenübersteht.«
Frankfurter Allgemeine Zeitung

SERIE
PIPER

SERIE PIPER

Jacques Monod

Zufall und Notwendigkeit

Philosophische Fragen der modernen Biologie. Aus dem Französischen von Friedrich Griese. Vorrede zur deutschen Ausgabe von Manfred Eigen. 176 Seiten. SP 2290

Der französische Molekularbiologe und Medizin-Nobelpreisträger Jacques Monod stellt in seinem vieldiskutierten Buch »Zufall und Notwendigkeit« die These auf, daß das Leben in all seinen Formen durch einen einzigen unwahrscheinlichen Zufall entstanden sei. Der Zufall »einzig und allein liegt jeglicher Neuerung, jeglicher Schöpfung in der belebten Natur zugrunde«. Daher ist auch der Mensch ein Zufallsprodukt, er muß »seine totale Velassenheit, seine radikale Fremdheit erkennen – ein Zigeuner am Rande des Universums«. In diesem Buch geht es nicht um biologische Einsichten, sondern um die menschliche Situation. Es ist ein engagiertes Buch.

»Das Unbehagen, das Monod auslöst, wenn er den Menschen aus der Nestwärme der Ideologien verjagt und in eine ›eisige verlorene Welt‹ verweist, wird man begreifen müssen. Spätestens Ende dieses Jahrhunderts aber wird sich herumgesprochen haben, daß Monod eines der wichtigsten Bücher unserer Zeit geschrieben hat.«
Deutsches Allgemeines Sonntagsblatt

»Der Leser von Monods packendem Buch wird sich seine eigenen Gedanken bilden und eigene Schlüsse ziehen, aber selbst da, wo er dem Autor nicht bis zum Ende folgen kann, wird er durch die Lektüre bereichert werden.«
Stuttgarter Zeitung

»Monods philosophische Reflexion macht das Ausmaß der Deformierung deutlich, dem unsere überkommenen Weltbilder und Wertvorstellungen durch die moderne Wissenschaft ausgesetzt sind. Keine eigene Philosophie, keine neue Ideologie wird empfohlen. Monod versucht ›einfach‹, wie er es ausdrückt, aus der Molekulartheorie des (genetischen) code die Quintessenz zu ziehen.«
Süddeutsche Zeitung

»Monod wagt sich offen und sogar schneidend politisch auf das Gebiet der Weltanschauung und der Philosophie vor, indem er eine auf die neuen molekularbiologischen Erkenntnisse gründende Naturphilosophie vorschlägt.«
Die Zeit

Humberto Maturana

Was ist erkennen?

Mit dem Kolloquium »Systemtheorie und Zukunft«. Herausgegeben und mit einem Essay zur Einführung von Rudolf zur Lippe. Aus dem Englischen von Hans Günter Holl. 256 Seiten. SP 2289

In der Biologie vollzieht sich heute, ähnlich wie Anfang des Jahrhunderts in der Physik eine naturwissenschaftliche Revolution, die unser tradiertes Weltverständnis von Grund auf verändert. Einer der Protagonisten dieses neuen Denkens ist der chilenische Neurobiologe und Erkenntnistheoretiker Humberto Maturana. Die vorliegenden Texte bieten Gelegenheit, zentrale Begriffe des Konstruktivismus und der evolutionären Erkenntnistheorie Maturanas in verständlicher Form kennenzulernen.
Der Biologe verabschiedet das traditionelle naturwissenschaftliche Erkenntnismodell der säuberlichen Trennung von Subjekt und Objekt, Geist und Natur und legt dar, daß das erkennende Ich, das Erkennen als Prozeß und das Erkannte zusammengehören. Die Welt, in der wir leben, ist eine Welt, die wir im Prozeß des Erkennens und im Verwandeln der Erkenntnis in Sprache gemeinsam erschaffen.
Diese Sichtweise ist außerordentlich folgenreich – philosophisch hat sie nur die Konsequenz, daß es keine objektive Wahrheit geben kann, daß niemand das Recht hat, Besitz an der Wahrheit für sich zu reklamieren. Für die Bereiche Gesellschaft und Politik hat Maturana als Biologe und Beobachter der Natur erkannt, daß nicht Konkurrenz und das »Gesetz des Dschungels«, sondern Kooperation und Toleranz die Grundlage aller Lebensvorgänge sein sollten – ein Denkmotiv, das ahnen läßt, warum sich Maturana gerade auch in der alternativen Szene und im Lager des neuen Denkens herumgesprochen hat.

Der kongenialen, vorzüglichen Übersetzung von Hans Günter Holl verdankt der Text Maturanas eine Neuerschaffung in deutscher Sprache, die das Denken Maturanas erstmals adäquat präsentiert: die lateinamerikanische Fabulierkunst, aber auch das Interesse an der Konkretion mit amüsanten Anekdoten und plastischen Beispielen – immer auf dem Sprung, liebgewonnene Denktraditionen und Vorstellungen auf den Kopf zu stellen.

SERIE PIPER

Denn die **höchsten** *und* **anhaltendsten** *Genüsse sind die* **geistigen**

Die Wiener Vorlesungen – Einstiegstexte namhafter Publizistinnen und Publizisten in bibliophiler Ausstattung.

Sigrid Löffler
Gedruckte Videoclips
Die profilierte Kulturjournalistin über den nachhaltigen Einfluß des Fernsehens auf die Zeitungskultur, den Siegeszug des Boulevards auf allen Medienmärkten.

Ulrich Beck
Weltrisikogesellschaft, Weltöffentlichkeit und globale Subpolitik
Wie kann der alte Dualismus zwischen Natur und Gesellschaft zugleich aufgehoben und neu bestimmt werden?

Niklas Luhmann
Die neuzeitlichen Wissenschaften und die Phänomenologie
Luhmann stellt Edmund Husserls Denken in den historischen Rahmen und skizziert die Zusammenhänge mit den gesellschaftlichen Problemen und dem Stand des Wissens seiner Zeit.

Verena Kast
Zäsuren und Krisen im Lebenslauf
Wie geht die heutige Gesellschaft mit Angst und Krisen um? Kast plädiert dafür, daß Menschen grundsätzlich krisengewohnter und krisenbewußter werden.

Rudolf zur Lippe
Wie real ist die Realität?
Der Philosoph zur Lippe konstatiert mehrere Konstruktionen zur Beschreibung verschiedener, nebeneinander existierender Wirklichkeiten.

Peter Moeschl
Das Sterben der anderen – ein liberales Paradoxon.
Ein Essay über demokratiepolitische, ethische und philosophische Fragen und Grenzen im Zusammenhang mit Sterbehilfe.

*Über 70 Bände erschienen.
In jeder guten Buchhandlung erhältlich.*

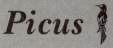